帮孩子摆脱焦虑

〔美〕布丽吉特·沃克◎著　郭淑婷◎译

儿童CBT抗焦虑心理学

Anxiety Relief for Kids

北京科学技术出版社

ANXIETY RELIEF FOR KIDS BY BRIDGET FLYNN WALKER

Copyright © 2017 By Bridget Flynn Walker

This edition arranged with NEW HARBINGER PUBLICATIONS through BIG APPLE AGENCY, INC., LABUAN, MALAYSIA.

Simplified Chinese edition copyright © 2022 Beijing Science and Technology Publishing Co., Ltd.

All rights reserved.

著作权合同登记号　图字：01-2018-3238

图书在版编目（CIP）数据

帮孩子摆脱焦虑 /（美）布丽吉特·沃克著；郭淑婷译 . — 北京：北京科学技术出版社，2022.5
（2025.9重印）

书名原文：Anxiety Relief for Kids

ISBN 978-7-5714-1847-2

Ⅰ . ①帮… Ⅱ . ①布… ②郭… Ⅲ . ①焦虑—自我控制—儿童教育—家庭教育 Ⅳ . ① B842.6 ② G782

中国版本图书馆 CIP 数据核字（2021）第 276199 号

策划编辑：张子璇	电　话：0086-10-66135495（总编室）
责任编辑：周　珊	0086-10-66113227（发行部）
责任校对：贾　荣	网　址：www.bkydw.cn
责任印制：吕　越	印　刷：北京捷迅佳彩印刷有限公司
出 版 人：曾庆宇	开　本：710 mm × 1000 mm　1/16
出版发行：北京科学技术出版社	字　数：240千字
社　　址：北京西直门南大街16号	印　张：14.25
邮政编码：100035	版　次：2022年5月第1版
ISBN 978-7-5714-1847-2	印　次：2025年9月第15次印刷
定　　价：69.00元	

序

20年前，我和妻子带着我们刚出生的女儿玛德琳从医院回到家。我停好车，和妻子盯着安全座椅里美丽的、小小的玛德琳。

我看了看妻子，略带紧张地笑着问道："对了，他们给你婴儿操作手册了吗？"

我妻子也稍显紧张地看着我说："没有，我以为他们把手册给你了。"我不免有些焦虑。

现在再回想起那一刻，我仍然认为有点疯狂，至少是不太明智——护士就这样让我们带着一个新生命回家。我猜他们一定相信我们像大多数父母一样，能够把养育子女的事情弄清楚。每当回想起那一刻时，我仍会感到不安。当然，大多数父母在其他家庭成员和朋友的帮助下，最终都能解决问题，但是，父母一定都希望有一本操作手册能给予自己指导，尤其是在他们的孩子遭受痛苦的时候。

据报道，超过25%的儿童和青少年受到焦虑症的困扰，焦虑症成为未成年人面临的最大的心理健康问题。行为科学告诉我们，在帮助孩子从焦虑症和其他心理健康问题中康复的过程中，父母起着至关重要的作用。与心理专家相比，父母更容易观察到孩子存在的焦虑问题，并给予孩子支持和干预。孩子的焦虑很少在治疗师的办公室里发作，更多的是出现在孩子的日常生活中，如家庭、学校、足球场、游乐场，这些通常也是父母所处的环境。

那么，有没有一本书可以指导父母帮助孩子摆脱焦虑？虽然有不少书和操作手册的内容与这个话题相关，但其中鲜有如这本书的内容一样清晰而深刻。这本书涵盖了目前治疗青少年焦虑的首选方法——认知行为疗法（cognitive behavioral therapy, CBT）的基本知识，本书作者沃克博士也是深谙这种治疗方法的专家。

这本书将给予父母和孩子指导，使孩子从焦虑症中逐渐康复。同别的操作手册一样，这本书涵盖了相关的基础知识，如让父母和孩子了解焦虑是什么、焦虑症是什么，帮助父母找出引发孩子焦虑的因素，为暴露做好准备，并帮助孩子从重要并且必要的暴露中受益。此外，尽管关于焦虑症及其治疗的研究很广泛，但对很多父母来说，专业的知识较难理解，因此，本书选取了一些重要的主题，用通俗易懂的语言进行阐释。每一本操作手册都会有关于如何解决问题的部分，本书也不例外。在这些部分中，你将学习到一些策略，这些策略能够帮助孩子直面让他们感到焦虑的事情，并最终克服障碍。

最后一点，如果运用了本书所介绍的策略，你的孩子仍遭受着焦虑的困扰，那么你就应该找一位对儿童焦虑症颇有研究且知道如何治疗的认知行为治疗师。当然，找到专家之后，这本书仍然对你有所帮助，读完本书，你就可以与治疗师谈论认知行为疗法，询问他们如何使用认知行为疗法来治疗你的孩子。如果你的孩子正在进行焦虑症的治疗，那么使用本书也是大有好处的——书中的练习，尤其是暴露法的相关练习，是对治疗的有力补充。你和你的孩子可以与治疗师讨论练习的结果。如果你的孩子得到的不是系统的治疗，那么他就不算真正接受了认知行为疗法，我将建议你去找其他的治疗师。

患有焦虑症的孩子很多，相信许多孩子可以通过本书所介绍的策略从焦虑症中走出来。关心、体贴孩子，并且了解相关知识的父母在孩子的康复过程中起着至关重要的作用。你肩负着帮助孩子的重要使命，祝你好运！

迈克尔·汤普金斯（Michael A. Tompkins）博士（《焦虑的大脑：
青少年焦虑和恐慌应对指南》的作者，旧金山海湾地区认知疗
法中心主任，加利福尼亚大学伯克利分校临床心理学助理教授）

奥克兰，加利福尼亚州

2016 年 11 月 20 日

目　录

附录 203

导　读

　　要想帮助处于焦虑之中的孩子，父母可以做的事情有很多。你可以学习如何在孩子陷入焦虑时做出更有建设性的回应。你可以对孩子的焦虑行为给予更多的理解，帮助孩子做出更好的选择。你也可以学习如何积极地帮助孩子克服恐惧，使焦虑不再给孩子和家庭带来太多的痛苦和干扰。参照书中介绍的内容，你可以把这些最新的、经科学验证对治疗焦虑症最有效的信息应用于生活中。

　　这本书可以帮助你引导孩子更健康、更快乐地生活。书中提供了你需要的知识和实用的工具，以通俗易懂的语言向你展示了如何在帮助孩子应对和克服焦虑时发挥更加积极、有效且有益的作用。无论你的孩子是仅有一些轻微的焦虑症状，还是患有更严重的焦虑症，你都有能力帮助他。阅读这本书的时候，你会渐渐明白，你的角色是多么重要。

　　作为一名临床心理学专家，我有超过15年的使用认知行为疗法（CBT）快速且成功地治愈孩子的焦虑症的经验。认知行为疗法是一种心理治疗法，主要是通过改变认知和行为来缓解心理问题。成千上万的临床试验证实了这种方法的有效性，仍在进行的研究也进一步强调了它的有效性。这本书中的内容也结合了当前该领域的最新研究和发现。

　　当父母积极参与治疗过程时，认知行为疗法对减轻孩子因焦虑产生的痛苦最为有效（Allen and Rapee 2004; Thirlwall et al. 2013）。我自己的实践经验也告诉我，父母在治疗孩子的焦虑中所起到的作用是何等的关键。实际上，我会要求父母参与孩子的治疗，如果父母不参与，孩子的进步往往是有限的。在治疗过程中，我会教父母认识什么是焦虑，以及改变自身行为对孩子会有怎样的帮助。

让孩子得到有效的治疗不是一件容易的事。许多父母所在的地区很难找到训练有素的临床医生，特别是可以接收新患者的医生。同时，治疗费用也可能造成负担。值得庆幸的是，研究表明，父母可以自己使用认知行为疗法来帮助他们的孩子。例如，克斯汀·瑟尔沃尔和她在英国的同事于2013年发现，父母使用自助书籍，同时得到认知行为治疗师辅助治疗的孩子，其康复的可能性比没有接受任何治疗的孩子要高出3倍左右。

尽管有大量针对患有焦虑症的孩子的认知行为疗法操作手册，但大多数手册中的内容对父母来说都很费解，更不要说有效运用了。有一些手册提供了大量复杂的临床信息，使得父母常常感到困惑和不知所措。另外，没有一本手册是基于最新的研究来解释如何使用认知行为疗法治疗焦虑问题的。父母们经常要求我推荐一些简洁明了、可信可靠，尤其是针对年幼的患者的资源。我也一直苦于难以找到这样的资源。于是，我决定写这本书——《帮孩子摆脱焦虑》，用最实际、直白的语言向读者阐释如何将行之有效的认知行为疗法运用到孩子身上。

这本书不会告诉你有关儿童焦虑症的专业知识，这不是我写这本书的初衷，这些专业知识对帮助你的孩子应对和克服焦虑的用处也不大。这本书会提供你所需要的、可以用于帮助孩子的最重要的信息。具体来说，你将从本书中了解到以下内容。

- 孩子的焦虑是如何开始的。
- 孩子的焦虑是如何发展的。
- 是什么使得孩子的焦虑变得更严重。
- 怎么做可以帮助孩子减轻焦虑。

- 如何做出与孩子的焦虑相关的更明智的决定。
- 如何更有效地回应焦虑的孩子。

　　我把一些父母的观点和经历融入每一章中，并将那些具有代表性的、父母和孩子可能会提出的问题贯穿全书始终。每一个步骤都有清晰的解释，可以使你和你的孩子在控制和克服焦虑的过程中得心应手。简单易操作的表格可以帮助你和你的孩子按部就班地完成整个流程。我还将一些示例对话纳入其中，作为你在每个步骤中与孩子交流的参考。

　　在帮助孩子逐渐克服焦虑的过程中，你的家庭生活质量也将有所提升，当然，我无法预测将会提升多少。有些父母可以看到孩子彻底从焦虑中解脱出来；另一些父母可以看到孩子得到一定程度的改善，焦虑症状在他们身上得到控制；还有一些父母可能会从这本书中了解到他们的孩子可能需要什么样的帮助，并且借助这些信息做出更明智的选择，来决定给他们的孩子提供什么样的治疗。不管上述经历哪一个与你最契合，我都可以向你保证，这本书会使你获得帮助孩子克服焦虑的知识和方法。

如何使用这本书

　　我建议你按照这本书的章节顺序进行阅读。这些章节的顺序是我经过深思熟虑后安排的，可以帮助你顺畅而有效地完成认知行为疗法的整个流程，这也是我在使用认知行为疗法治疗患者时的操作顺序。本书的前三章介绍了基本知识和工具，接下来的每一个章节的内容都是建立在前一章的基础之上。如果你跳着看，那将有可能错过学习某一项技能或漏掉完成下一个步骤所需的信息。

　　在整个过程中，你和你的孩子需要填写一系列表格。我在书中列出了一些已经填完的表格范例。空白的表格可以从网站进行下载或直接复制书后附录部分的表格。你还可以在我的网站上找到一些短视频，这些视频向你展示了可以和孩子进行的对话。

根据我的经验，与那些不太愿意在孩子的焦虑症状上投入过多关注和情感的父母相比，那些积极参与并填写表格的父母在帮助孩子克服焦虑症状方面更为成功。即使你觉得自己太忙了，我仍建议你挤出时间投入其中。例如，每天花5~10分钟来收集关于焦虑行为的信息，这点小小的付出会在将来让你有所收获。你的参与会使你和你的孩子学会如何更有效地处理焦虑。

在和孩子共同使用这本书之前，我建议你先通读一遍。记住，你是整个过程的领导者，如果你在正式开始之前就能清晰地知道自己每个阶段的目标，并能很好地了解每个阶段所要做的工作将如何为下一阶段的工作服务，那么你将会是一个更有效的领导者。

这本书提供的方法适用于各个年龄阶段的孩子，我曾经成功地将它们应用于儿童和青少年。但是，你可能需要根据孩子的年龄对方法进行相应的调整，例如，你可以让大一点的孩子自己阅读这本书。你也需要根据孩子的年龄来设计最适合的情境、目标、暴露以及奖励。

你比任何人都了解自己的孩子，知道他的喜好，了解他是如何学习的。如果在整个过程中你能时刻谨记这一点，那么你将在缓解、消除焦虑对孩子的不良影响上更成功。

Anxiety Relief for Kids

1

和孩子一起了解焦虑

当你拿起这本书的时候，你大概正在为孩子的健康担忧，或是怀疑焦虑正在折磨你的孩子。焦虑常常难以察觉，因为有焦虑问题的孩子并不会表现出明显的症状。帮助孩子的第一步，就是了解焦虑是如何产生的，以及它是怎样影响孩子的。

焦虑问题会以无数种方式体现在孩子身上。许多父母会对孩子表现出的种种非理性和夸张的担忧以及想法感到不解：为什么马克明明成绩优异，但是当他即将参加数学考试的时候仍然会习惯性地相信自己会考砸？为什么塔玛卡明明知道我们居住在一个非常安全的社区里，却仍让我每天晚上反复确认大门是锁着的、警报器是开着的？为什么弗朗西斯在自己无法理解一个科学新概念时会大发脾气？为什么阿莱格拉明明是班上最受欢迎的孩子之一，却每天都告诉我班上的其他孩子认为她既不聪明又很无趣？

以上种种问题，从本质上来说是这样的：为什么孩子无法理性对待事物？为什么他意识不到事情根本没有他想象的那么糟糕？换句话说，为什么他认识不到自己的恐惧其实毫无根据，或者被严重放大了？在这本书中，我将尽力回答这些问题。

看着自己的孩子同这些无谓的，甚至已经影响到生活的担忧与焦虑做斗争是一件令人心碎的事情。焦虑问题对于患者自己和他们的亲人而言都是沉重的负担——日常生活变得让人精疲力竭、易怒和感到压力重重。在这本书中，我将告诉你所需要了解的关于焦虑的知识，以及如何采取具体的行动来帮助你的孩子克服焦虑。

焦虑的本质

许多科学家认为，焦虑症不单单是由恐惧引起的，更多的是由想要逃避或者控制伴随焦虑而产生的如心跳加快或反复出现的想法等不舒服的感觉引起的（Forsyth, Eifert, and Barrios 2006）。这些试图逃避或控制的行为被称为"逃避和安全行为"（在强迫症中被称为"仪式行为"），它们通常可以让焦虑的个体在短时间内从焦虑的压力中获得解脱。但问题在于，对这些行为的依赖从长远来看反而会助长焦虑，并且妨碍孩子意识到他们可怕的预期其实并不准确。这种模式只会使孩子逐步陷入焦虑的深渊。

试图避免、压抑或者逃避不适，这些通常是父母或老师最先注意到的存在焦虑问题的孩子的表现。焦虑可以表现为显著的担忧或恐惧，并伴随明显的行为特征，如大声呼吸、颤抖和恐惧，它也经常表现为害羞、敏感、黏人、固执、古怪、叛逆、缺乏自信、悲观、优柔寡断、拖延和生气。从表1中可以看出，大多数焦虑的表现并不明显。尽管这些表现各有不同，但焦虑的本质是一样的。焦虑的孩子在内心深处认定，如果处于某个特定的情境中，就一定会有不好的结果出现。你现在可能还不清楚孩子焦虑的根源，但继续读这本书，你就能学会如何识别并确定孩子所害怕的事物。

举个简单的例子，汤姆害怕去参加足球训练，因为他担心没有拴绳的狗会突然跑过来把自己咬伤。他的症状包括训练前的胃痉挛以及恶心，他总是对父母说觉得身体不舒服。艾丽西亚害怕考试，因为她担心自己的考试成绩不理想。她的症状不如汤姆明显：她从不在课堂上举手发言，以免自己回答错误，并且拒绝参加任何她认为可能会妨碍自己学习的课外活动。

作为父母，你可能观察到孩子的一些不太明显的回避、压抑和逃避行为，而并非十分明显的焦虑。但一定要记住，这些表现背后潜藏的焦虑本质是一样的。不管如何看待它对孩子的影响，你都可以采取同样的方式来帮助孩子。

表1　焦虑的信号

明显的焦虑信号	不明显的焦虑信号
1. 身体上的痛苦（颤抖、哭泣、呼吸急促、大声尖叫） 2. 逃离和逃避 3. 对焦虑的直接陈述（"我担心今晚在我睡着的时候房子会被烧掉。"） 4. 表达恐惧的直接提问（"如果你出去发生了车祸怎么办？"） 5. 拒绝从事导致痛苦的活动 6. 与自己害怕的事物（狗、鸟、飞机、极端天气等）接触会感到极端的痛苦 7. 拒绝独处或者父母某一方的缺席	1. 黏人的行为 2. 易怒 3. 回避行为 4. 对身体疾病的抱怨 5. 一再寻求保证的行为 6. 好争辩的行为 7. 不愿意尝试新鲜事物（活动、事物、地方、日常活动） 8. 极端的害羞和敏感 9. 容易分心 10. （相对于同龄人而言）行动缓慢，爱拖延 11. 过于谨慎，优柔寡断 12. 过于严苛和敏感 13. 入睡困难（拒绝独自睡觉或者去朋友家过夜） 14. 攻击行为

焦虑症在儿童当中很常见

在儿童心理问题中，焦虑症是最为常见的。据美国焦虑症和抑郁症协会2016年的一项数据显示，每8名儿童当中就有1名深受焦虑症困扰。这意味着，一个班级中就有3名儿童存在某种焦虑症状，这种焦虑或者给他们带来巨大的痛苦，或者妨碍他们参与正常的活动，或者兼而有之。

这些焦虑症状可能在孩子四五岁时就出现了，甚至可能更早被发现。由于焦虑症状常以不太明显的方式表现，父母、儿科医生甚至心理学专家都可能将这些症状视为"正常发育过程"或"阶段性的行为表现"。他们可能认为孩子只是害羞或过度疲劳，或者是注意缺陷障碍。年幼的孩子也不清楚自己到底怎么了。很多心理学专家也没有受过评估和治疗焦虑症的专业培训，所以可能需要好几年的时间才能对焦虑的孩子做出正确的诊断并找到有效的治疗方案。

根据我的经验，虽然父母可能并没有意识到自己的孩子正在遭受焦虑症的折磨，但是他们了解自己的孩子，可以感受到孩子似乎哪里出了问题。对此，我的建议是相信你的直觉。如果你怀疑孩子的焦虑已经对他的日常生活产生了不利影响，就请将这本书作为你的依据和指南。我将向你展示如何采取正确的行动来缓解孩子的焦虑，帮助他更好地成长。

焦虑的影响

首先，焦虑就一定是一件坏事吗？

事实上，健康人群在生活中出现适度的焦虑是再正常不过的事。大自然赋予我们"战斗或逃跑"的反应能力，以帮助我们在危险的环境中保护自己。面对威胁时，我们可以做出选择：认为自己能够战胜，那么去面对；认为自己胜算不大，那就逃跑。在后一种情况下，为了保证安全，出于恐惧而采取行动是一种明智的选择。通过提升人的表现力，焦虑也被证明是有益的。在所有其他条件相同的前提下，害怕成为倒数第一或输掉一场比赛，会使一名运动员比缺乏积极性的竞争对手表现得更好。同样地，处于适度焦虑的学生在考试中会比那些一点也不关心结果的学生发挥得更好。

然而，焦虑如果发展到一定程度，将不再有益，反而会有害。这一点对儿童和成人来说是同样的。常见的情况是，很多患有焦虑症的成人从儿童时期就开始出现焦虑症状。

如果焦虑影响了孩子在家里和学校里、与朋友间的正常生活，它就被认为是有害的。你的孩子可能会因为担心引发焦虑而抗拒一些情境，比如去公共厕所、在课堂上发言，或者靠近动物。如果长时间放任不管，就会增加孩子的恐惧，并最终妨碍孩子的心理社会能力发展，甚至影响孩子的生活质量。焦虑症状是可以被掩饰的，患有焦虑症的孩子往往在学习、活动等方面表现良好，但他们的内心饱受忧虑、恐惧、过度内疚或责任感的折磨。久而久之，巨大的痛苦和严重的焦虑会使孩子的身心疲惫不堪、意志消沉。孩子可能会变得抑郁，对自己无尽的焦虑感到绝望。事实上，大量研究告诉我们，未经治疗的焦虑症会显著影响患者的生活质量和心理社会能力（Mendlowicz and Stein 2000; Olatunji, Cisler, and Tolin 2007）。

为什么现在帮助你的孩子尤为重要

研究告诉我们，如果我们不能给予患有焦虑症的儿童充分的治疗，他们会有更大的概率在成年后发展出其他心理疾病，如抑郁症和药物滥用（Kessler et al. 2005）。此外，研究表明，大多数焦虑症状是慢性的，不会随着孩子的成长而自动消失。不幸的是，焦虑症反反复复的趋势会让父母误以为它们最终会彻底消失，而忽略了及时为孩子寻求治疗。

除此之外，父母需要及时帮助孩子克服焦虑的一个重要原因就是要防止其融入孩子的个性中。焦虑不是一种性格特质或者个性风格，它不能定义一个人。一个人的个性在一生中也许不会发生太大的改变，但焦虑症状是可以改变的。焦虑症不仅是最为常见的心理问题，也是最易被治疗的心理疾病。我看到过无数儿童和成人在认知行为疗法的帮助下治愈焦虑症的案例，被治愈的他们宛如重获新生。

焦虑如何影响你的孩子

在深入探讨治疗之前，让我们先来了解焦虑是如何影响孩子的，我们将探讨家族遗传因素、大脑机制以及焦虑的模式这几方面的内容。

家族遗传因素

如果家族中有人患有焦虑症，那么孩子就有患焦虑症的倾向。尽管焦虑症的产生受诸多复杂因素影响，包括个性和环境，但是家族遗传一直被认为是最主要的危险因素（Beidel and Turner 1997; Kashani et al.1990; Merikangas, Dierker, and Szatmari 1998）。事实上，加利福尼亚大学洛杉矶分校的阿芒·葛耶恩博士和他的同事们在2014年确认了两种增加患有创伤后应激障碍（posttraumatic stress disorder, PTSD）风险的基因。当然，并不是说每一个有这两种基因的人都会患 PTSD，但是他们的患病概率比没有这两种基因的人要大一些。或许未来的某一天也会有关于焦虑症的类似发现。

在我曾经接诊的焦虑症儿童中，很少有人是家族中没有焦虑症患者的。很多父母都会主动提起他们曾经也遭受焦虑问题的困扰，另一些人则没有意识到焦虑基因一直存在于他们的家族中，因为遭受焦虑折磨的人通常会妥善安排自己的生活，避免让自己陷入焦虑的情境，或是刻意减轻自己在这种情境中的暴露程度。这些人往往可能只是被亲人认为性情古怪或控制欲强。正如你所知道的孩子会遗传家人的过敏体质一样，孩子也有可能遗传家人的易焦虑体质，父母了解这一点将会对孩子的治疗很有帮助。

练习：排查家族遗传因素。如果你还没有这样做，我建议你可以花点时间回想一下，与孩子有亲缘关系的人中是否有人患有焦虑症。和家人聊一聊，兄弟姐妹、父母或其他人。在了解情况的时候不要带有指责或羞辱的情绪，你的目的仅仅是收集信息，把情况摸清楚，以便帮助孩子。

虽然我们还不完全清楚导致焦虑症产生的复杂遗传因素和环境因素，但是科学研究正一步步使其明朗化。事实上，前沿的研究人员已经开发出一些项目来帮助有遗传因素的高危人群防止焦虑症的产生（Ginsberg 2009）。

我并不是说基因或者家族遗传病史是导致焦虑症产生的唯一因素，不过这的确是一个值得我们重视的原因。孩子的焦虑症可能并不是由父母糟糕的养育方式或曾遭受心理创伤所致，尤其是孩子根本未曾被忽视、伤害或者虐待的时候。我之所以强调这一点，是因为很多治疗师都会习惯性地在孩子或者成人身上寻找曾经受过的创伤，认为这样才能找到焦虑产生的原因。事实上，研究数据并不支持这一观点。

处于焦虑状态的大脑机制

在过去的15年里，数以百计的神经成像研究对焦虑症患者和健康人的大脑结构和功能进行了比较。这些研究证实了大脑的不同区域都可能与焦虑有关，包括基底神经节、杏仁核和海马回（Holzschneider and Mulert 2011）。当然，目前的技术还无法实现通过脑部扫描来诊断焦虑症，但我们从这些研究以及患者的临床表现和主诉中可以得知，当患者处于焦虑状态时，这些区域的扫描结果会出现飙升。这代表大脑的这部分区域变得异常活跃，比如杏仁核区域，当孩子暴露于触发因素时，杏仁核就会做出害怕或者焦虑的反应。当杏仁核活跃时，孩子就会经历恐惧和焦虑；当杏仁核逐渐恢复平静，痛苦的情绪就会消失。这种反应有助于我们理解孩子如何经历焦虑，并且可以解释焦虑的本质是什么。

患有焦虑症的孩子通常可以理性地意识到自己的恐惧和焦虑是极端的或者是不理性的，我们将这种认识称为"洞察力"。然而，当孩子的大脑处于异常活跃的状态时，这种理性会被侵蚀，他会相信自己的恐惧和焦虑是真实存在的，并且在这一段时间内是合理的。当大脑恢复平静后，他又将重新获得洞察力。请看下文中的例子。

约瑟夫是一个12岁的孩子，他就读于一所一流的私立学校。他的成绩全A，他每个赛季都参加团队运动，还加入了一个要求很高的唱诗班。他的父母总担心他的生活太过乏味，缺少乐趣。当父母鼓励他和朋友们一起出去玩时，他总让父母不要担心，他告诉父母现在这种状态就挺好，还说自己没有多余的时间去做那些没有意义的事情。

约瑟夫常常担心自己没有时间完成那些他必须做的事情。在这段时间里，他的父母时刻准备迎接约瑟夫的号啕大哭和情绪崩溃，因为他说自己记不住演奏的音乐或无法完成一项重要的家庭作业。约瑟夫的父母提醒他，虽然他总是为此焦虑，但最后都能很好地完成自己的事情，甚至能够取得非常出色的成绩，获得唱诗班老师的表扬。

可是，当约瑟夫陷入焦虑时，他并没有也无法看清父母向他展示的过去成功的证据。他总是哭着说："妈妈！这次是不一样的！"甚至当父母提醒他，他总是将每一次的状况都说得很可怕，但最后的结果都还不错时，他始终无法在当下接受这个逻辑。

当约瑟夫在唱诗班里完成了表演，并且交了作业之后，他的焦虑就会告一段落。事后他会告诉父母他们是对的，并且承认自己没必要那么焦虑，还会向父母保证下一次自己一定能处理好。尽管约瑟夫和他的父母都希望他能够从这次经历当中吸取教训，但不幸的是，当再一次面对类似情况的时候，他的焦虑又会重新出现。

焦虑如月，时缺时圆

焦虑症状往往会随着时间和情境的不同而波动，正如月亮时缺时圆，这种状态可能会伴随终生。在某几周或某几个月内，你的孩子经历的焦虑可能会比其他几周或几个月少。有些情境会引发孩子的焦虑，有些则不会。比如，约瑟夫对自己的学业成绩苛求完美，这会使他在学校里异常努力地学习，反反复复检查自己的作业，经历内心的崩溃，向父母或老师寻求对于自己作业质量的肯定，还担心自己能否得到充足的睡眠来保持良好表现。而一旦暑假来临，他的这些焦虑就会消失。当暑假快结束、要交暑假作业的时候，他的焦虑又将卷土重来。

焦虑的孩子倾向于把安全的环境解释成危险的

容易焦虑的孩子往往会注意到其他孩子认为不存在威胁的情境中潜藏的危险（Craske et al. 2008; Lissek et al. 2010）。例如，当消防车驶过的时候，焦虑的孩子可能会感到惊慌失措，而其他孩子可能只是很兴奋地盯着那辆车。由于焦虑的孩子把更多的情境视作威胁，他倾向于对日常生活中潜在的危险保持高度警惕。可是，他们越关注潜在的危险，就越能发现危险并为此更加焦虑。

我们从大量的研究中得知，这种认知偏差会增加焦虑出现的概率，而且认知偏差一旦产生，还会加剧焦虑。此外，原本孩子能够明白某些情境下其实没有必要感到害怕的能力也会受到干扰。

焦虑的孩子不会从经验中学习

回想一下你自己是如何从过去的错误当中吸取教训的。我从未忘记自己第一次交通违规给我带来的后果，以及未能及时偿还信用卡而带来的财务影响。在每个年龄阶段，我们都会从自己过往的经验当中学习。然而，那些容易焦虑的孩子不会以这种方式从经验当中学习。这种能力的欠缺会阻碍孩子进行理论家所说的"抑制学习"（Crashke et al. 2015）。这就意味着，尽管孩子经历过无数可怕却没有出现负面后果的情境，但是他并没有因此学会减少自己的恐惧和焦虑。新的经历并不能纠正他之前的认识。

比如，每当约瑟夫从焦虑中平静下来，他就会理性地认识到自己之前的焦虑是不成立的。他完全能够明白这一点，但是仍旧无法从这些经历中学习经验。最新的研究告诉我们，认知行为疗法对于像约瑟夫这样焦虑的孩子是有效的，同时我们也必须解决这些孩子不能从过往的经验中学习的问题。

"孩子的焦虑就像打地鼠游戏"

焦虑的孩子常常会将精力集中在对某一方面的担忧上，除非另一种担忧突然出现，从而取代了前一种。当孩子的焦虑从一件事转移到另一件事上时，父母往往会感到既恼火又困惑，因为这种转移毫无逻辑可循，就如同一场打地鼠游戏。父母往往没有能力帮助孩子——克服焦虑的诱因，这也使父母倍感沮丧。

　　并不是所有经历过焦虑的孩子都会频繁地转移自己的焦虑对象，但这种转移确实是很常见的。理解这种普遍的趋势有利于你更好地帮助你的孩子。如果孩子的焦虑对象时常发生转移，请你尽量从容应对，尽管这可能会让你感到沮丧、失落，但还是努力接受这一点吧，把它当成你的孩子与众不同的一部分。

总结
你从本章中学到了什么

在每一章的最后，我都会总结本章所谈论的内容要点。我建议你和你的另一半也进行一番讨论，或者把你的总结写下来——从本章中学到了什么，以及如何将这些内容运用到你的孩子身上。花一些时间来做这件事有利于你巩固所学到的新知识，当你需要这些知识的时候，就可以很容易地从大脑中提取出来。这也会为你和孩子一起努力克服焦虑奠定基础。你可以在项目进行过程中经常问问孩子："你学到了什么？"以下是我希望你可以从本章中学习到的内容。

★ 焦虑会以五花八门的方式在孩子身上体现，诸如易怒、黏人、有攻击性、回避、优柔寡断和拖延等。焦虑并不一定以直接的方式表现。

★ 焦虑问题在孩子当中非常普遍，实际上它是孩子身上最常见的一种心理问题。

★ 未及时治疗的焦虑问题对孩子的健康、生活质量和身心发展都会产生严重的负面影响，并且增加孩子在成年后出现更为严重的精神障碍的概率。

★ 研究表明，焦虑症具有基因遗传的倾向。焦虑问题会在家庭不同成员中出现。

★ 焦虑是波动起伏的，它常常会在某些特定情境中被诱发。

★ 大多数孩子对于自己的焦虑都有着一定的洞察力。他们有能力看到自己的焦虑和恐惧是不合理的，至少是被过分夸大了的。

★ 在一段时间内，甚至一生中，焦虑的症状都会时有时无。

★ 焦虑的孩子天生具有一种倾向，使得他在安全的环境中也会觉察到危险。

★ 焦虑的孩子欠缺从经验中学习的能力，这使得他很难从克服恐惧的经历中学会不再焦虑。

★ 有一些孩子的焦虑对象会不停地发生变化，这是正常的。

Anxiety Relief for Kids

2

判断孩子是否
有焦虑问题

由于通常情况下焦虑的症状并不明显，所以，确认焦虑是不是导致孩子出现问题的根源就变得很有难度。本章第一节中的调查问卷可以帮助你在这方面获得清晰的认识，并向你介绍能做些什么来进行干预。本章其余部分将简述什么是认知行为疗法，以及如何将其应用在有焦虑问题的孩子身上。

孩子的焦虑是不健康的吗

作为父母，你的直觉可能已经使你对孩子的焦虑程度有所了解。不过，虽然这种直觉很有价值，但它通常还不足以证明孩子的行为表示他的焦虑已经达到了不健康的程度。

练习：评估孩子的焦虑。下文中的问卷列出了父母可以经常从患有焦虑症的孩子身上观察到的行为。仔细阅读每一个问题，根据你对孩子的观察，回答"是"或"否"。

你的孩子是否有以下这些行为？

• 反复问一些"如果……会怎么样？"的问题，即使父母反复给予确认和安抚，他仍然会非常担心。

• 拒绝一个人在自己的房间里睡觉，如果要求他这样做，他会表现得痛苦和不安。

• 回避一些特定的情境，如电影院、饭馆、拥挤的场所、嘈杂的地方或公园。

• 拒绝吃多种食物，只吃自己喜欢的几样食物。

• 不断重复某些行为以减轻自己的痛苦。

• 要求你以特定的方式说某些话或者以特定的方式做某些事情。

• 担心作业出错或者忘记做作业，以至于频繁检查，要求父母反复确认自己的作业令人满意，或者反复检查自己的书包、每日计划等。

• 即使自己有能力完成好，但仍然会在学业或者其他任务上过度拖延。

• 在做决定的时候表现出极大的困难，并且担心每一个决定是不是"正确的"或者"最好的"。

• 担心自己在学习或者体育运动中的表现有任何不完美。

• 因为将来有可能会用到或者认为有某些情感价值而拒绝扔掉不必要的东西。

• 在和父母分别的时候表现得十分痛苦，拒绝和保姆或其他照顾他的人待在一起，拒绝在没有父母陪伴的情况下过夜。

• 对细菌、疾病或灰尘感到恐惧，以至于逃避使用公共卫生间、购物车、门把手。过度洗手或过度使用洗手液。

• 拒绝去学校。

• 拒绝上课举手或者在同学面前发言。

• 表现出极度的害羞，甚至阻碍了正常的社会交往。

• 表现出与焦虑相关的生理反应，比如颤抖、大声呼吸、感到恶心或者头昏眼花。

• 表现出过度或不恰当的内疚和责任感。

对于以上问题，如果在你的回答中出现了一个或者多个"是"，那么你的孩子很有可能已经出现了焦虑症的症状，并且已经到了需要进行干预的程度。请注意，这份问卷可能并未涉及孩子的某些特殊表现，你的孩子也许会有同这份问卷中提到的相似却不完全相同的行为。

需要注意的是，对以上问题的几个肯定回答并不能作为一个正式的诊断。你不能仅仅根据这个简单的问卷来对孩子是否患有焦虑症做出判断。我更倾向于把它作为给下一步提供参考的工具。请记住，正如我们在上一个章节说过的那样，对每个人来说，一定程度的焦虑都是正常的。在这里，你需要关注的重点是确定孩子的行为是否足以被认定是有问题的，你观察到的这些行为是否给孩子造成了很大的痛苦，这些行为是否已经对孩子愉快地参加各项社交活动造成了困扰。

如果你对上述问题的回答也是肯定的，那就说明到了该采取行动的时候了。即使你仍有顾虑，此时进行干预也不会为时过早。你从本书中得到的帮助只会让孩子受益，并且现在解决这些问题所冒的风险几乎是零。这本书中的所有建议都是为了让孩子成为一个精神上更坚强、更灵活，抗挫折能力更强的人。

认知行为疗法

现在，假设你从目前已知的关于焦虑症的知识以及刚刚回答完的问卷得出了结论，认为你的孩子正表现出不健康的焦虑症状，你的第一反应可能是把他带到儿科医生或儿童心理医生那里进行专业评估。当然，这是一个合理的行为。然而，你可能会意外地发现你无法得到想要的帮助。例如，儿科医生可能会说"等孩子长大点自然会好"，或者，他会建议使用游戏疗法去"铲除引起焦虑问题的根源"，但这两种解决方案都不是基于任何有力的科学研究结果。心理医生则可能会把药物治疗作为第一步，尽管这并不是美国国家心理健康研究所推荐的方法，也不是大多数治疗焦虑症的专家所建议的方法。但不幸的是，许多心理医生并没有在如何评估和治疗焦虑症方面得到过足够的培训。

大多数心理健康专家所建议的治疗方法，以及美国国家心理健康研究所和其他学术组织（如美国焦虑和抑郁症协会和国际强迫症基金会）所认可的方法，是认知行为疗法（CBT）。只有在某些特殊情况下，他们才会建议额外使用药物。在我治疗的儿童中，超过70%的儿童在仅仅接受认知行为疗法治疗后就恢复得很好，完全不需要药物治疗。我建议你运用这本书中的知识来帮助和引导你寻找对孩子最有效的治疗方案。

认知行为疗法概述

认知行为疗法起源于20世纪70年代，是行为疗法和认知疗法的结合。行为疗法是斯金纳（Skinner）博士在20世纪50年代提出的，主要关注的是具体行为如何强化或消减负面情绪。同时，行为疗法解释了我们如何学习复杂的情感模式和行为模式，以及如何反复学习。认知疗法是在20世纪60年代由亚伦·贝克（Aaron Beck）博士提出的，主要着眼于思维模式，关注的是如何识别和改变会使负面情绪加剧和维持的非正常或非理性思维。

认知行为疗法的基本原则是，如果我们能学会改变非正常思维和使负面情绪强化的行为，我们的不良感觉就会得到改善。这涉及识别扭曲的思维方式，改变扭曲的想法，并调整特定的行为。

认知行为疗法是研究最深入的心理疗法之一，它最大的优势就是它是基于大量的实验证据得出的方法。大量的科学对照研究证明了认知行为疗法的有效性。所有这些研究都证明，认知行为疗法在近几年已经发展成为能够有效帮助患者的治疗方法，尤其是针对焦虑症的治疗，这在几年前还未必能够做到。

在我详细阐释使用认知行为疗法的具体步骤之前，理解它背后的一些基本科学原理是至关重要的。如果不了解这些信息，那么治疗刚开始进行时，一切看上去可能是有悖于你的直觉的，尤其是在焦虑症的治疗上。你和你的孩子目前应对焦虑时所采取的方法可能与我建议的恰恰相反。有时候，相信自己的直觉反而会无意中使问题恶化。如果这些话让你感到不明就里，那么，简而言之，我的建议是请相信科学。

暴露疗法

让孩子逐步、反复地暴露在能够触发恐惧和焦虑的情境下是有效治疗焦虑症的认知行为疗法的核心内容。暴露的主要目的是学习新的事物，让孩子学习克服自己的缺陷（我在第1章中提到过），即无法认识到自己的恐惧是不真实的。通过反复面对自己害怕的情境，孩子将意识到自己之前预期的可怕后果实际上并没有出现；或者即便出现了，也并不像预想的那样糟糕。面对恐惧时所发生的唤醒促进了这种类型的学习。相反，当孩子逃避诱发焦虑的情境时，就不会启动这种学习过程。

当我向父母解释这种暴露疗法时，他们经常会这样说："莎拉总是暴露在这种情境下，可是没有任何变化啊！她还是害怕在课堂上举手！而且她根本就不可能举手！你说的这种暴露怎么能起作用呢？"请你做一次深呼吸，然后继续往下读。

关于暴露用于治疗的科学研究令人印象深刻（Abramowitz 2013）。研究结果反复证明，焦虑症患者过度活跃的大脑区域，比如杏仁核，在经过暴露疗法后其活跃度会显著降低。从临床上来看，这与焦虑症状的减少也显著相关。随着我们对大脑的了解不断深入，证明暴露疗法有效性的证据也越来越多。例如，塔夫茨大学瑞吉美实验室的研究人员发现，暴露疗法使被置于恐惧情境中的老鼠大脑中的恐惧神经元逐渐恢复平静（Trouche et al. 2013）。事实上，暴露疗法对大脑进行了重塑——大脑不仅在治疗过程中表现出了不同的反应，而且未来在相似情境下，它也会重新连接到不同的反应。虽然这项研究还没有在人类身上进行，但是像这样的研究帮助我们理解了为什么暴露疗法对这么多的人有效。

我们一直在最新研究的基础上对暴露疗法的实施方法进行改进。在过去的30年里，心理学家在假设暴露疗法起作用的基础上运作，通过适应过程的新型学习来取代基于恐惧的学习。习惯化的意思是逐渐对某事习以为常。在暴露疗法中，这意味着对诱发焦虑的事物产生的反应减轻，从而减少恐惧。举个例子，如果一个孩子害怕没拴绳的狗，我会让他先从观看几次不拴绳的狗的视频来开始着手治疗他的焦虑。基于恐惧的学习会使他在第一次观看视频时感到害怕和焦虑。但在反复观看后，这种恐惧会减少。这时，我们可以说他对观看狗的视频已经"习惯"了。过往的模型将此解释为新的学习过程取代了旧的基于恐惧的学习过程。

最近,研究人员更新了这个模型。他们注意到,虽然习惯化确实会随着暴露疗法的进行而出现,但有一些人在这个过程中会出现反复。这让他们产生疑问,如果旧的基于恐惧的学习过程被新的学习过程所取代,那为什么还会故态复萌?米歇尔·克拉斯克(Michelle Craske)和她的同事们在2015年研究了这一问题,并证明了尽管新的学习过程可能会成为大脑的优先选择,但旧的学习过程并没有完全消失,它会在另一种诱发焦虑的情境下卷土重来。因此,治疗焦虑症并不能简单地依赖于习惯化。

旧模型还有一个问题是,它关注的是恐惧的减少。如果说暴露的目的是消除恐惧,那么就传递了这样的信息:焦虑是不好且不能被容忍的。这点既不真实也不现实。一个学会忍受一定程度焦虑的孩子不太可能害怕它,与那些总是试图消除所有焦虑却失败的人相比,他经历焦虑波动的概率要小一些。

在本书的第8章和第9章,你将学习到如何引导孩子接受暴露疗法,以及如何最大限度地提高新的学习过程对旧的学习过程的抑制。

学会终身管理焦虑

这本书中介绍的策略不仅能帮助你的孩子控制焦虑症状,同时也会使你和孩子获得一些终身都可以使用的技能、知识和工具。在本章中,我们通过研究认知行为疗法和暴露疗法背后的一些科学基础开始整个治疗过程。这对父母和孩子来说都是重要的一课。你们双方都需要清楚地了解正在实施的这个方案如何能够发挥最大效用。了解什么是暴露,它们是怎么起作用的,以及如何帮助孩子运用,这些知识将使你对接下来的章节中需要遵循并坚持的方法和策略更有信心。

总结
你从本章中学到了什么

★ 你可以通过观察孩子的行为来判断他的焦虑是否已经到了不健康的程度。这些行为包括：对"如果……会怎么样？"问题的答案需要父母给予再三确认，不肯独自在自己的房间里睡，过度担心作业，以及常常拖延。

★ 如果一个孩子的焦虑已经到了妨碍他参与适合自己年龄阶段的活动，或给他造成很大的痛苦，那么就意味着他的焦虑问题可能已经到了需要治疗的程度。

★ 认知行为疗法是治疗儿童焦虑问题的有效方法，在过去的10年中得到不断发展和完善，有效性也大大提升。

★ 认知行为疗法是一种基于科学研究的疗法，也是研究最深入的一种心理疗法。

★ 让孩子渐进地、反复地、以多种方式暴露于诱发焦虑的情境中，是认知行为疗法有效治疗焦虑症的核心部分。

★ "习惯化"是指在暴露中恐惧程度逐渐降低。最近的研究质疑了以减少恐惧作为暴露的主要目标的价值，并且提出孩子也应该学会忍受一定程度的恐惧和焦虑。

Anxiety Relief for Kids

3

创造一个工具箱

做任何事情都一样，借助于适当的工具可以使一个方案变得更易于操作。作为本书方案的第一步，我将向你介绍在整个治疗焦虑症过程中需要用到的基本工具，包括恐惧温度计、焦虑山、糖果罐、焦虑绰号、奖励以及智慧对话。正如你将在之后的章节中看到的，这些工具需要在多个步骤中使用。当你看完这一章时，你就可以真正开始实施这套方案了。

恐惧温度计

恐惧温度计可以帮助父母和孩子评估在特定情境下的恐惧程度和痛苦程度。这个工具在很多年前就已经被广泛用于治疗焦虑问题了（March and Mulle 1998）。根据我的经验，各个年龄段的孩子都很容易掌握恐惧温度计的概念，并且可以很好地使用它。你和孩子可以将恐惧温度计用于以下几方面。

- 测量孩子的恐惧或痛苦程度的相关数值。
- 获得关于孩子焦虑感受的客观事实。
- 双方进行沟通而不过度情绪化。
- 制订暴露计划。

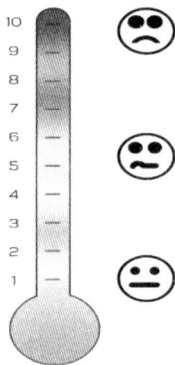

如图 1 所示，恐惧温度计上的 10 代表痛苦的最大值，1 则是代表痛苦的最小值。使用恐惧温度计的目的是让孩子在经历焦虑时评估自己的恐惧程度。孩子可以对自己在特殊情境下所经历的恐惧、痛苦或不适程度进行主观评价，父母也可以评估孩子在这种情境下所经历的恐惧程度。孩子通过指出 10 个等级中的某一个数值，来对应当他们处于自己逃避的某种情境或者忍受痛苦时所感受到的焦虑。

图 1　恐惧温度计

关于恐惧温度计的度数没有正确或错误一说，但父母一定要尽可能准确地了解孩子的感知，换句话说，就是弄清楚什么程度就是孩子所谓的10，什么是9、8、7，等等。当你开始和孩子使用恐惧温度计时，尽可能多地向孩子提问题，这样你能对孩子的焦虑感受有更清晰的认识。

我鼓励你和孩子与恐惧温度计成为"好朋友"，因为在孩子学习克服恐惧的过程当中，你们将会频繁地用到它。使用时，坚持简单原则，坚持实事求是的态度。越频繁地使用它，你和孩子就会越容易适应它。我喜欢这个工具，因为它易于操作，用途广泛，而且十分有效。

焦虑山

焦虑山是向孩子形象化地说明习惯化是如何起作用的，并鼓励孩子参与暴露的一种工具。在这里，我借用了瓦格纳（Wagner）博士创造出的"焦虑山"这个词，他用这个工具让儿童更易于理解暴露和认知行为疗法的概念。焦虑山是和恐惧温度计一起配合使用的。如图2所示，图中纵轴表示的是恐惧温度计的评估数值，也就是孩子在某种特定情境下焦虑或痛苦的程度；横轴则表示暴露的次数或者一次暴露的时长。

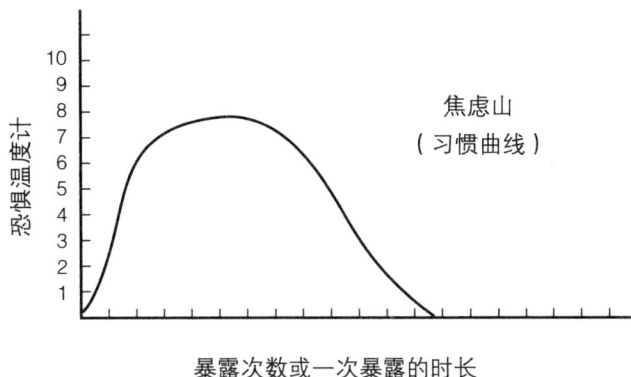

图2　焦虑山（习惯曲线）[由瓦格纳（Wagner）博士授权使用]

即使是年龄较小、还不懂数学的孩子，也能理解焦虑山图上的曲线起伏波动的意义。用图向孩子展示当焦虑在恐惧情境中增强的时候，就如同他从左边爬到了焦虑山上。你可以用手指随着曲线，向孩子展示焦虑渐渐达到顶峰，然后当焦虑减弱，逐渐习惯化，就会逐渐走到山的另一端。这可以帮助孩子理解，一开始进行暴露时，焦虑可能会加剧，但时间长了，情况会逐渐好转。

糖果罐

我用糖果罐作为比喻给孩子解释进行暴露的目标，这种可视化的形象有利于帮助孩子理解形成新记忆的作用。糖果罐代表了孩子的大脑，里面充满了与焦虑情境有关的各种联想和记忆。绿色糖果代表不具威胁性的内容，而红色糖果则代表着具有威胁性或危险的内容。

举个例子，如果你的孩子害怕狗，我们会认为在他的脑海中，与狗相关的更多的是红色糖果而非绿色糖果。红色糖果代表着他的许多联想（不一定是基于真实经验），可能是与一些咬人的或者吠叫不停的狗相关；而绿色的糖果则可能是关于一只熟睡的可爱小狗的联想。这种情况下，进行暴露的目标是让孩子形成关于狗的不具威胁性的新联想和新记忆。孩子每翻越过一座与狗有关的焦虑山，他的大脑中就会新增加一颗绿色糖果。孩子拥有的绿色糖果越多，当他再次遇到狗的时候，他就越有可能从大脑中取出一颗绿色糖果，进而感到放松而不是害怕。

我建议父母可以将焦虑山和糖果罐一起使用。可以这样想：你的孩子需要翻越过足够多的焦虑山，才能给他大脑中的糖果罐增添足够多的绿色糖果，当他再次处于曾经让自己恐惧的情境中时，有更大的概率取出一颗绿色糖果。虽然红色糖果仍在糖果罐里，但我们的目标是使绿色糖果在数量上压倒红色糖果。

焦虑绰号

给焦虑起绰号可以帮助你和孩子保持客观的态度，并使你对孩子的恐惧有所掌控。一个绰号可以有效地指代焦虑，而避免出现一些助长孩子焦虑的行为。回想一下第1章中的内容，焦虑常常是一波波袭来，当孩子陷入焦虑时，他很容易相信自己所恐惧和害怕的事是真实存在的。给焦虑起一个绰号有利于父母和孩子对焦虑进行掌控，这个绰号会提醒你们：孩子的大脑此刻正处于焦虑的状态。

给焦虑起绰号也能培养孩子对焦虑采取中立的态度。没有人喜欢体会强烈的焦虑感，孩子更会天然地对焦虑产生消极的态度，但这种态度只会加剧焦虑感。研究表明，当孩子对某种特定的焦虑和恐惧不那么消极时，他们需要遭受的痛苦也会减少，同时从暴露疗法中获得的收益将更大（Zbozinek, Holmes, and Craske 2015）。

开始使用绰号工具

让孩子为自己的焦虑想一个绰号，只需要一个简单而直接的名字即可。这个绰号要对孩子有意义，并且是轻松愉快的，而不是可怕的或消极的。例如，一个害怕细菌的孩子可能会选择细菌虫或细菌怪物来作为他的焦虑的绰号，当焦虑被诱发，你和孩子都要尽可能多地使用这个绰号。

孩子想好一个绰号后，帮助他学会使用这个绰号。当他的恐惧温度计的数值很高的时候，他的脑海中应该出现的是："你好，细菌虫！"在使用这个绰号的时候应该是不出声的，不然孩子会形成习惯，每次想到这个绰号都会大声说出来，这种做法有可能对治疗产生干扰，在第5章中我们将对这一点进行讨论。

使用起绰号这个工具的目的是让孩子以一种客观的态度来标记和迎接他的焦虑和恐惧。你肯定不希望他的脑海中出现这样的内容："滚开，细菌虫！""我恨你，细菌虫！""你逊爆了，细菌虫！"我们的宗旨是尽量保持客观，并且不给孩子增加消极想法。当孩子通过起绰号的方式应对焦虑时准备得越充分，他就越容易以一种健康的方式来看待不良情绪。甚至有一些孩子会发现，仅仅是给焦虑起绰号就能很好地帮助自己缓解焦虑情绪。

你可以通过以下练习向孩子介绍起绰号这一工具，这个过程需要用到一些想象力。

练习：尝试给焦虑起绰号。如果你的孩子害怕细菌，那就让他想象一下，在某个情境下，他必须接触一个他认为很脏的门把手。询问孩子，当他脑海里出现自己触摸门把手这个动作时，是否感到恐惧温度计的数值在上升？仅仅想象处于这种情境下就足够了。如果他的回答是肯定的，那太好了。当孩子此刻感到焦虑，教他在心里说："你好，细菌虫！"告诉他在现实生活中，当他感到恐惧温度计的数值上升的时候，就使用这个绰号代替令他害怕的细菌。

父母可以做些什么

作为父母，你应该经常鼓励并且奖励孩子给焦虑取绰号（在本章的后面部分会讨论奖励）。每天安排一个时间，和孩子聊聊关于绰号的事情。当焦虑被诱发时，你的孩子是否一半的时间都使用绰号？是比一半更频繁，还是更少？我们的目标是让孩子在焦虑被诱发时能够持续使用这个绰号。不过，不要因为孩子没有达到预期的使用频率而惩罚或斥责他，也不要表达任何失望的态度；相反，即使开始进展得很缓慢，也要对孩子能够成功使用绰号表示支持。

当你和孩子谈论对于焦虑的反应时，应该使用这个绰号。如果看到孩子开始显露出某种焦虑反应，你可以用平静的语气问他："是细菌虫吗？"这对孩子来说是一个很有用的提醒——你不仅是在强化这个绰号，而且还给孩子树立了一个以客观、冷静、包容的态度应对焦虑的榜样。

如果孩子偶尔对你使用这个绰号表现出抗拒，不要感到惊讶。我从许多父母和孩子那里得知，孩子有时无法在处于焦虑状态时仍然保持洞察力。他可能会很沮丧地回答："不，这不是焦虑虫！"在这样的时刻，记住，少即是多，不要试图说服他承认脑海中出现的确实是焦虑虫。等待片刻，给他一点时间让他自己整理一下思绪，这样也能避免你做出一些在无意识中助长孩子焦虑的行为。面对孩子的焦虑，你也应该保持一个中立、冷静且对孩子的焦虑症状有益的态度。

给焦虑起绰号要求孩子接近他内心的恐惧（比如暴露），他可能会担心这么做将诱发更多的焦虑想法，并且为此而更加焦虑。起初，这的确可能会发生，短期内，他可能会产生更多的焦虑想法。当他开始面对恐惧时，痛苦的感受将会增加。但从长远来看，孩子越多地直面恐惧，他因此产生的焦虑会越少。

有些父母可能会质疑：对于一个稍大点的孩子来说，会不会觉得给焦虑和恐惧起绰号很幼稚？根据我的经验，一个积极的青少年是不会反对取绰号的，主要是因为他可以自己选择这个名字，而且这是一种悄无声息的工具。无论孩子选择了什么名字，通常都不会与除了父母之外的人分享，因此，以一种私密的方式使用起来也很简单。

绰号游戏

这里介绍一个适合父母和任何年龄段的孩子玩的游戏，可以让父母帮助孩子练习如何给焦虑起绰号。在这个游戏里有两个角色：焦虑和绰号。父母和孩子可以轮流扮演这两个角色。

扮演焦虑的人先说话，必须用语言描述出使孩子感到害怕的事。例如，我扮演焦虑，我会说："约翰，如果你碰了那个购物车，细菌就会粘在你身上。"

扮演绰号的约翰会大声地说："嗨，你这个细菌虫！"

我会接着说："如果你不立刻用特制的肥皂洗手，就会感到非常担忧，上课都无法集中注意力。"

约翰会回答："嗨，细菌虫！"

重复几次之后，互换角色。试着从游戏中获得快乐，看看谁能最快打断焦虑虫的话。

我会和我的患者一起玩这个游戏，以确保他们懂得如何使用这个方法。这是个在治疗之初使用的好方法，通常在游戏之后他们就做好了继续治疗的准备，不会对使用这个绰号而忧心忡忡。

奖励

父母应该建立一个奖励机制，鼓励孩子使用他的认知行为疗法工具箱。每个孩子都各不相同：有些孩子有动力去做出改变，争取一点小奖励；有些孩子则需要更多的引导。你需要先预估孩子的动机水平。但即使面对一个积极性很高的孩子，我仍然建议父母建立奖励机制。我将在第6章中详细讨论奖励的使用方法。在这里，我只说一些大致的指导方针。

父母建立奖励机制，最重要的一点是要及时给予孩子奖励。因此，一定要选一个你确保能兑现并且能够及时兑现的奖励。例如，你想承诺孩子带他去表兄弟家玩儿，但你又很难抽出时间，那么最好换一种奖励方式。

此外，在选择奖励时，要关注孩子想要什么。你可以让他列出一个想要的奖励清单，不过最终要由你来决定什么奖励合适。记住，奖励必须是孩子非常想要，并且能够促使他去接受挑战努力赢取的东西才可以。

使用积分奖励机制的时候要注意，年龄稍大的孩子才会有延迟满足的认识。10岁以上的孩子可能更愿意为了等待一个大的奖励而攒够积分。不过，对5~10岁的孩子来说，积分奖励的方法没有什么显著效果。我建议，如果你的孩子处于这个年龄阶段，在处理这个问题时你可以选择一份能即时兑现的奖品，如一个冰激凌、20分钟的上网时间、去公园游玩或者一个小玩具，对于孩子而言这些都是即时奖励。

你需要明白的一点是，整个治疗过程对孩子来说是很辛苦的，因此，奖励制度必须事先计划好。不要把它当作事后补偿，或者鼓励孩子合作的最后努力。如果孩子一开始拒绝参与治疗，而你在孩子抗拒治疗后再提出奖励机制，那么奖励看起来就变成了贿赂。相反的是，你需要以实事求是的态度对待奖励。在这一点上尤其要注意，不要过度奖励，因为当治疗进程变得更艰难时，不愿合作的孩子将会需要更大的奖励。

智慧对话

在认知行为疗法工具箱中，有一个强大的工具就是我所说的"智慧对话"，这是帮助孩子学会纠正伴随恐惧和焦虑的非理性思维的一种方法。因为智慧对话比这一章所涵盖的其他工具都更复杂，所以我会在第7章专门阐释这个工具。尽管智慧对话最初看起来似乎比其他基本工具更难一些，但当孩子熟悉它之后，就能够像运用其他工具一样轻松自如。

总结
你从本章中学到了什么

- ★ 认知行为疗法工具箱中主要包含以下工具：恐惧温度计、焦虑山、糖果罐、焦虑绰号、奖励以及智慧对话。
- ★ 恐惧温度计会帮你和孩子评估孩子在某种情境下恐惧或焦虑的程度。
- ★ 焦虑山和糖果罐可以帮助孩子理解暴露疗法运行的机制是什么，以及暴露是怎样起作用的。
- ★ 绰号相当于一个标签，用绰号来指代焦虑或恐惧是一种很有效的方式。
- ★ 你应该使用奖励机制来激励孩子使用他的认知行为疗法工具。
- ★ 智慧对话是一种工具，可以让孩子纠正伴随恐惧和焦虑而产生的非理性思维。

Anxiety Relief for Kids

4

识别诱因和确定恐惧

本章中，在熟悉了你和孩子在整个治疗方案中将要进行的主要流程后，你就可以将工具放入工具箱并开始使用这些工具了。我将会阐释诱发焦虑的情境、监测以及"向下的箭头"技巧，这些是你为孩子进行暴露疗法所需的基本元素。

诱发情境

当孩子在特定的情境下表现出焦虑时，意味着他害怕处于这种情境下可能会出现的特定后果。一些孩子会遭受焦虑症的急性发作，焦虑毫无征兆地袭来，并伴随强烈的生理反应（心跳加速、发抖、眩晕、窒息、胸闷和恶心）。在第8章中，你将学习如何应对这种类型的焦虑。不过，大多数孩子的焦虑并非毫无缘由，即使孩子不知道具体诱发焦虑的情境是哪个，但一定存在诱因。这些诱因可能是早上等公交车，可能是丢掉一样简单又没用的东西，可能是独自睡一个房间，也可能是在课堂上举手，或者从老师那里拿到测试的成绩。所以，解决焦虑的第一步是找出诱发焦虑的具体诱因。

许多带着孩子去接受治疗的父母都能较容易地识别诱发孩子焦虑的情境。还有一些父母在这一方面会有点困难，他们需要更多的指导。我发现，当孩子的父母对焦虑的表现有更多了解时，就会更善于识别这些诱因，甚至可以辨别同一种情境下孩子感受到的不同程度恐惧之间的细微差别。

一旦识别了诱因，就必须清楚焦虑的具体内容和结构。当孩子处于诱发焦虑的情境中时，他认为会有什么事发生？对于父母来说，识别内容或结构通常没有识别情境那么简单。比如，父母可能会意识到，孩子在课堂上被老师点名回答问题时会很焦虑。他会想办法避免被老师点名，比如低下头，或者让头发遮住自己的脸。在这种情况下，焦虑的诱因很明显，那就是害怕被老师叫起来回答问题，但父母仍旧不知道是这个行为的哪个具体因素使孩子感到害怕。

当父母问孩子"为什么害怕在全班同学面前发言"时，他们可能只会得到一个很模糊的答案："我就是不喜欢当着所有人的面说话。"父母往往会止步于此，然后简单地认为孩子只是害羞，但使孩子感到恐惧的具体内容仍然是一个谜。明确诱发焦虑的具体内容对帮助孩子克服焦虑是至关重要的。例如，他可能是因为害怕被别人否定（社交焦虑）而不敢当众说话；或者可能有完美主义倾向，害怕给出错误的答案。

这一章将教你如何识别诱发孩子焦虑的情境，以及如何确定这些情境下使他焦虑的具体内容。在帮助孩子克服焦虑和恐惧的过程中，确定诱发焦虑的诱因和具体内容是至关重要的。关于孩子焦虑的具体细节有很多需要你了解，所以这不是一个一蹴而就的过程。

确定诱因的最好方法是观察孩子，确定在什么情境下他会变得沮丧、忧虑或试图逃避。首先，父母需要问自己以下几个问题。

- 在哪种情境下，我的孩子看起来很痛苦？
- 孩子在逃避哪种情境吗？
- 是否有些情境以前没有造成问题，现在却给孩子带来痛苦？

如果这些问题能直接指向孩子焦虑的诱因，那真是再好不过了。但是，也请记住，孩子可能没有明显的焦虑迹象（见第1章的表1）。例如，他可能会跟你说自己只是不再喜欢踢足球，而不会承认自己是害怕在公园训练的时候被没拴绳的狗咬伤，所以才不愿再去参加足球训练；或者，他可能会通过找一些他人听起来完全不合逻辑或奇怪的借口来逃避某些社交场合。正因为有相当一部分的孩子不会表露出明显的焦虑迹象，所以，父母就需要做一点侦察工作，这就要从监测开始。

监测

监测是指观察孩子在感到焦虑的情境中的表现，并记录父母在这些情境中做出的回应。监测的目的是收集关于孩子和你自己的行为数据。监测从给焦虑行为设置一些参数开始，使孩子的注意力从害怕焦虑转为学习如何控制和克服它。

使用父母监测表收集到的信息包括日期、情境、观察到的行为、父母的回应，以及孩子的痛苦程度（根据父母的估计从1到10划分等级）。之后你将利用这些信息来帮助你自己改变任何可能增加孩子焦虑的行为。下面是11岁的萨莉的父母在父母监测表中记录的信息。

2月11日

情境： 萨莉正在准备一次演讲，突然开始因为明天要去学校而大哭。

我观察孩子的表现： 她说她觉得自己完不成这次作业，因为"做得太糟糕了，大家肯定会觉得我很蠢"。她抽泣着，乞求我允许她明天待在家里，或者让我求她的老师同意她用写作来代替演讲。

我的反应： 在平静下来一些之后，我让她在我面前演练一遍第二天要做的演讲。她做得很好，但当我说我认为她已经准备好可以在课堂上给大家演讲时，她又开始变得很焦躁。我试图向她解释，没有人能做到完美，只是某些人会比其他人做得好一点点而已。但我的话一点儿也没有让她感到安慰。

恐惧温度计数值： 9。

2月12日

情境： 萨莉正在吃早餐，准备去上学。

我观察孩子的表现： 她说觉得身体很不舒服，快要吐了。她说感觉自己发热了，需要待在家里，不能去上学。

我的反应： 我告诉萨莉，每个人在面向一个群体演讲时都会紧张。我给她量了体温，发现她并没有发热。她否认自己是因为焦虑而感到身体不适。我把她送到了学校。

恐惧温度计数值： 8。

2月12日

　　情境：从学校接萨莉回家。

　　我观察孩子的表现：萨莉在车里崩溃地哭泣。她恳求我和她的老师谈谈，这样她就不用在课堂上当着全班同学做演讲了。我问她今天的演讲怎么样，她说自己当时几乎说不出话，现在大家肯定都认为她是个傻子。她拒绝参加接下来的足球赛，因为她的同学都在队里，她觉得太尴尬了。

　　我的反应：我问萨莉关于这次演讲的具体细节，并且一再向她解释实际情况可能比她想象的要好。她生气地说自己不知所云。我试着让她高兴起来，跟她讲道理，但她一点也不想听。

　　恐惧温度计数值：9。

　　我建议每天这样监测孩子的表现，至少坚持1周。你可以在本书的附录 A 找到空白表格。下面将介绍一些方法教你如何做。

　　• 在脑海中列一个监测时间表，包括起床、吃早餐、穿衣、洗漱、出门上学、做功课、吃晚饭、上床睡觉以及睡眠情况。

　　• 着重关注孩子表现出焦虑或出现逃避行为的次数和具体的行为活动。

　　• 从孩子的老师、你的伴侣以及孩子的朋友那里收集一些反馈，让他们告诉你使孩子产生焦虑的情境。

　　• 和你的伴侣或者孩子的其他照顾者进行头脑风暴，讨论一下在什么情境下会发现孩子表现出痛苦。

　　• 把观察到的东西记录下来。不必事无巨细地记录每个细节，着重记录出现得最频繁和最令孩子感到痛苦的情境。

　　• 白天及时快速地做好笔记，然后在一天结束时（或者在你方便的时候）再填入表中。每天只需要花5~10分钟的时间就可以完成。

在监测过程中，我建议你采取实事求是的态度，确保你的观察和记录不带有任何评判性。不要在记录中这样写："约翰在超市里吓坏了。"要尽量描述事实，并尽可能简明扼要地记下来："在超市里，约翰拒绝碰购物车。他双手一直揣在口袋里，表现得很烦躁，反复问我们什么时候可以离开。当我意识到我忘记买明天做意大利面需要的牛肉时，他生气了。我让他帮我买一块牛肉，他试图说服我让我第二天自己来买。他拒绝帮我买肉，最后我不得不自己去。"要像这样以公正的旁观者的角度来记录事件，这种务实、客观的观察和记录角度将为今后的治疗定下基调。

监测不一定是秘密进行的，你可以对孩子坦白整个过程。你可以简单地跟孩子解释："我正在收集信息，这样我们可以帮助你减少忧虑。"这个理由通常对孩子来说就足够了。

有些孩子可能希望自己来记录监测表。如果你的孩子想要自己做，完全可以鼓励他自己动手。根据我的经验，11岁或12岁的孩子就能够做到自我监测。不过，当然是父母对自己的孩子更了解，所以，让你的直觉，而不是年龄作为指标来衡量孩子是否能够胜任。在附录B中有一个供孩子进行自我监测使用的表格。在制订治疗计划时，收集的每一个信息都是有用的。同时也要记住，千万不要强迫孩子做自我监测。

如果你的孩子反对你监测他的行为，那么要向他解释清楚，这是帮助他克服焦虑的一个有用的步骤，这么做的目的是让他感觉好起来。可以问问孩子，如果父母监测他的焦虑反应，他觉得会发生什么。也许他担心你对他的焦虑的关注会使他花更多的时间去思考和感受那种焦虑，这时可以参考焦虑山，给孩子解释上山的每一小步都会让他更接近另一侧下山的路，在下山的路上他就不会感到那么焦虑和恐惧了。

"向下的箭头"技巧

当你在父母监测表上已经记录了1周后，应该能够看清孩子的行为模式。

你会注意到，在某些情境下，孩子的焦虑是很明显的。现在你可以和孩子坐下来，探讨一下在这些情境中让他感到焦虑和害怕的具体内容是什么。

"向下的箭头"将通过一系列问题指引你去了解当孩子无法避免诱发情境时，他大脑中预计会发生什么，这样你就可以准确地知道孩子在特定情境下最害怕出现的可能后果。每一个箭头都代表离焦虑的真正根源更近一步。本书的附录C有空白的"向下的箭头"表。

当你和孩子使用"向下的箭头"时，请参考表2，它提供了诱发情境与害怕出现的可能后果之间关系的示例。这个表格可以让你对某些常见情境中孩子害怕出现的可能后果有所了解。

表2　常见诱因和害怕出现的可能后果

情境	害怕出现的可能后果
在课堂上举手	我会答错，或者说得磕磕绊绊，甚至大脑一片空白，所有同学都会笑话我蠢或者怪
使用公共卫生间	我会接触到细菌或其他人的体液，这些会导致我生病，还可能会粘到恶心的东西
收拾书包	我会忘记一些重要的东西，并且因此影响到我的成绩
父母外出，保姆来家里	会发生一些不好的事情，我的爸爸妈妈可能回不来了。我可能会身体不舒服，我需要妈妈
乘坐校车	我非常紧张。我可能要吐了。但如果我吐了的话，其他同学可能会认为我又恶心又奇怪
和熟人闲聊	我会没什么话可说，或者说话磕磕绊绊，最后两个人肯定会陷入尴尬的沉默。其他同学会认为我很蠢，也不再喜欢我了
乘坐电梯	电梯会坏掉。我会被困在电梯里，我会非常害怕。我会发抖，感觉自己快要死了或者心脏病快要发作
物品摆放混乱	当我看见物品摆放混乱的时候会烦躁不安，没有办法去做其他的事情，也无法放松下来，除非我将它们按照正确的位置放好
偶遇一只大狗	这只狗可能会咬我、舔我或者扑向我

使用"向下的箭头"的诀窍是坚持不懈，一直向孩子提问，直到孩子说清楚他最害怕出现的可能后果是什么。下面我会带你亲历这个过程，用案例向你说明如何与孩子一起使用这种方法。每个例子都以对话开始，在对话中，父母问孩子他担心会发生什么（令人害怕的可能后果）。然后我会展示出父母填写的"向下的箭头"表格。我在对话中添加了注释，用来提醒你在运用这种方法时可以采取的策略。在每一段对话中，我把母亲或父亲都统称为"父母"，意思是任意一方都可以承担这个角色。

8岁的约翰

父母：约翰，我发现我们逛超市的时候你不愿意碰超市的购物车，而且看上去很焦虑。所以，我想问问你，你觉得碰了购物车会有什么不好的事情发生吗？

约翰：我不知道。

父母：我知道你可能没有想过这个问题。我们来假设一下，如果你的手触碰到了购物车，你认为会发生什么事情呢？（约翰开始变得沉默）我知道你现在可能一时回答不出来，我们一起努力想想怎么解决好吗？

约翰：我不知道。妈妈（爸爸），要怎么解决？

父母：我知道一些或许能帮助我们解决问题的方法。约翰，我问你一个问题，如果你碰了购物车，会发生什么？

约翰：我不知道。

父母可能需要反复多次提出问题，不要因此气馁。

父母：好吧，约翰，你爱看漫画书，对吧？你肯定知道漫画里每个人物旁边都会有一个气泡，里面的文字会显示出人物在想些什么。你想象自己就在漫画里，正推着超市购物车，那么你身旁的那个气泡里会写些什么呢?

约翰: 我不知道。

这时候父母可以举例子,每次只举一个。

父母: 有些人可能会害怕接触到细菌。

约翰: 对,我也不想接触到细菌。

父母: 我明白了。可是,如果你接触到细菌,或者你知道自己手上有细菌,会发生什么事呢?

约翰: 我会觉得很恶心,还可能会因此生病。

父母: 你说的"生病"是什么意思?

约翰: 我可能会感冒或者得流感。

在这时,父母需要复述一遍孩子到目前为止叙述的内容。

父母: 好的,约翰,你告诉我你不想碰超市购物车,因为你会接触到细菌,然后感冒或得流感。我想再问问你,如果你得了感冒或流感,又会怎么样呢?

约翰: 如果我感冒了,我的鼻子就会堵住。

父母: 我知道了。那鼻子堵住了会怎么样呢?

约翰: 我会没法呼吸。

父母: 哦,这听上去可不是闹着玩的,你肯定得不停地擤鼻涕。但是,如果你呼吸困难之后会怎么样呢?

约翰: 我担心我会在夜里停止呼吸。

父母: 啊,这听起来真的是很可怕。那你告诉我,如果你在夜里呼吸停止了会怎么样?

约翰: 我会死掉。

约翰的妈妈将这段对话整理后填写了一份"向下的箭头"表(图3)。

情境：

在超市购物时接触购物车。

在这一情境中会发生什么？

购物车上都是其他人留下的细菌。

如果购物车上有别人身上的细菌会怎么样？

我会因此感冒或得流感。

如果感冒或得流感会怎么样？

我会感觉不舒服，还会鼻塞。

如果感觉不舒服、鼻塞会怎么样？

我会在晚上呼吸困难。

如果在晚上呼吸困难会怎么样？

我可能会在睡梦中死掉。

图3 "向下的箭头"表（由约翰妈妈填写）

我们现在已经为约翰构建出了他的恐惧结构。令约翰感到害怕的并不是购物车本身，而是购物车上携带的细菌，他担心自己会因为这些细菌而染上疾病，使他在晚上无法呼吸，甚至死掉。这对一个年幼的孩子来说的确是一个非常可怕的情境。从上述例子中可以看到，父母要了解最终令孩子感到恐惧的可能后果，需要持续不断地追问。一个接一个问题地追问孩子不会有什么坏处，即使答案在父母看起来是不言自明的，甚至是危言耸听的。持续不断地追问孩子，你可能会对你的发现感到惊讶。在这个案例中，约翰的父母除了了解到孩子不愿触碰超市购物车的原因之外，还了解到许多其他类似情境，比如使用公共厕所和在公共场所触摸其他东西，也会诱发约翰对被细菌感染的恐惧，以及对呼吸困难的恐惧。

接下来的两个案例则意在说明为什么不能依据父母自己的推断来认定在特定情境下使孩子恐惧的具体内容到底是什么，因为孩子出于恐惧或焦虑而表现出的行为看起来可能差不多，但实际上恐惧结构可能是十分不同的。

海莉和卡米拉都是12岁，她们的家庭作业和考试成绩都不错。然而，两个孩子都拒绝在课堂上发言，也从不举手回答问题，只要有可能，她们就会选择坐在教室的后排。这个问题越来越严重，两个孩子的老师都曾提醒孩子的父母注意这个问题。从表面上看，你可能会认为两个女孩的问题是一样的，但"向下的箭头"技巧却反映出两个孩子的恐惧结构并不相同。

12岁的海莉

父母：海莉，昨天我们去学校开了家长会，老师反复跟我们提起，希望你多参与课堂互动。

海莉：（耸肩）我不知道，爸爸。我没什么可说的。

父母：没什么可说的？真的吗？我们一起看看历史课你们都学习了哪些内容好吗？

这是一个检验证据的时机，对于年龄稍大的孩子，这个策略非常管用。

海莉：阿兹特克人。

父母：好，老师应该提了一些问题。你还记得她在课堂上提过什么问题吗？

海莉：是，她问了一些很蠢的问题，比如"谁是阿兹特克人的太阳神"。

父母：为什么你觉得这问题很蠢？

海莉：因为每个人都知道答案。

父母：听起来你也知道答案，那你可以举手回答，但是你没有举手。语文课怎么样？你跟我说过很喜欢《局外人》，很喜欢波尼博伊，老师提过一些关于这本书的问题吗？

海莉：嗯，提了。

父母：你知道答案吗？

海莉：知道。

父母：好吧，听起来情况跟在历史课上发生的差不多。这两门课上你都不想举手回答问题，是吗？

海莉：嗯……是的。

父母：很明显你也是有想法可以和大家分享的。也许我们能弄清楚是什么阻碍了你跟大家分享你的想法。

父母和孩子一起检查了证据，否定了孩子所谓的"没有什么可说的"断言。现在可以继续用"向下的箭头"技巧询问了。

父母：如果你在班级同学面前发言，你觉得会发生什么？

海莉：我不知道。

父母：好吧，想象一下你现在在语文课上。对老师提出的问题，你是知道答案的，如果你举手了，你觉得会发生什么？

海莉：我紧张的时候，声音会颤抖。

父母：你能发现这一点非常棒！那回答问题的时候声音颤抖怎么样呢？

海莉：那样所有人都会知道我连回答一个简单的问题都会紧张。

父母：好的，听起来有点意思。我们来梳理一下，如果回答问题时你的声音颤抖，所有人都会知道你很紧张，那么接下来会发生什么呢？

海莉：我不知道。我只是不想让别人发现我紧张。

父母：我明白，在别人面前表现出自己的紧张让人很不舒服，但是你认为接下来会发生什么呢？你是不是担心他们会觉得你不聪明或者是有其他想法呢？

海莉：大多数人都知道我聪明。

父母：那如果你的声音颤抖了，其他同学知道你很紧张，这有什么糟糕的呢？

记住，在使用"向下的箭头"技巧追问孩子时，你需要不断重复前面孩子给出的回答。

海莉：他们会觉得我很怪。

父母：我们再想得远一点。

海莉：你就是想问我，如果同学们觉得我怪，会怎么样！

父母：好聪明，海莉！所以，接下来会怎么样呢？

海莉：如果其他同学认为我很怪，他们就会不喜欢我，也不想再跟我做朋友了。

父母：海莉，你做得很棒！你的回答会帮助我们想出一个计划，帮助你不再那么担心别人会觉得你怪。我们去吃点零食吧，好吗？

在这次谈话之后，海莉的爸爸整理了与孩子的对话，并填写了一份"向下的箭头"表（图4）。注意表中每个回答是如何准确地总结海莉描述的她所预见的可能后果。

情境：

在课堂上举手并在同学面前回答问题。

在这一情境中会发生什么？

我会感到紧张，并且我的声音会颤抖。

如果你紧张、声音颤抖会怎么样？

其他同学就会知道我很紧张。

如果其他同学知道你紧张会怎么样？

他们会因为我回答很简单的问题还紧张而觉得我怪。

如果其他同学因为你看起来紧张而觉得你很怪会怎么样？

他们会不再喜欢我。

如果……会怎么样？

图 4 "向下的箭头"表（由海莉爸爸填写）

12岁的卡米拉

卡米拉的表现和海莉看起来差不多，但是从下面这段对话中可以看出，她的焦虑来源和海莉完全不同。

> 父母：卡米拉，你知道的，我们昨天和老师见了个面。她跟我们提到你在课堂上参与度不高。你的成绩很棒，但是平时课堂参与度分数有些低，这样会影响你的总成绩的。
>
> 卡米拉：什么？我被扣分了？
>
> 父母：我们担心的不是你的成绩，而是你在课堂上很少发言的问题。你不参与发言、不回答问题，是有什么原因吗？
>
> 卡米拉：妈妈，我不知道。我只是很紧张。
>
> 父母：那我能问你一些问题来帮助你一起解决这个问题吗？
>
> 卡米拉：好吧，如果你觉得有用的话就问吧。

注意到了吗？卡米拉从某种程度上来说比海莉更愿意配合。

> 父母：回想一下上周的课，你可以举手回答老师提出的问题，却没有这么做的时候。
>
> 卡米拉：好吧。
>
> 父母：当你决定不举手的时候你在想什么呢？
>
> 卡米拉：我通常在想，我不能百分之百确定我的回答是正确的。
>
> 父母：假设你对自己的回答是正确的有80%的把握，这个时候，如果你举手会怎么样？
>
> 卡米拉：我会在全班同学面前做出错误的回答。
>
> 父母：很棒，卡米拉，现在就假设你回答了老师的问题，但是回答错了，接下来会怎么样？

这个问题可能会在一定程度上诱发孩子产生焦虑反应，孩子可能会感到难过或者焦躁。

卡米拉：我挺聪明的，大多数同学肯定都觉得我能回答正确。

父母：我理解你，但是如果你某一次答错了，会发生什么？你担心会很尴尬吗？还是有其他什么事让你无法接受？

卡米拉：我自己其实会感到更不安。我不喜欢做错事的感觉。我交作业前都会检查所有的答案。如果不事先确定自己是对的，我可能会做错，我讨厌做错！

父母：听起来，让你感到害怕的是你不确定自己的答案是否正确，如果你在班级上发言，你就不能检查自己的答案是否正确。

卡米拉：没错。如果我不能确定我的答案是正确的，我就会很紧张。

父母：很棒！我们聊一聊，我对你的理解就会加深很多。听起来你只有在确定自己是百分之百知道正确答案的时候才会去尝试，我认为你对自己太苛刻了，毕竟你去上学就是为了学习的。你不可能知道所有的事情，这对你来说太难了。

卡米拉：我知道我其实不需要这么担心。我也知道老师根本不会介意我是不是答错了，她已经告诉过我无数次正不正确不重要，最重要的是努力，但我就是害怕自己犯错。甚至课后她单独让我回答问题时，我也会非常紧张，不敢回答。

父母：卡米拉，很高兴你能坦白地告诉我这些。接下来我要继续问你一些问题，可能会有点唠叨：你不确定答案是否正确的时候，是什么让你感到害怕呢？假设你现在不确定正确答案是什么，但还是决定冒这个险，回答了问题，结果答错了。

卡米拉：光是这样想就让我害怕。我讨厌自己做错！我宁愿不冒这个险。

父母：我知道，但是假设你那么做了，你身旁的气泡里会出现什么想法呢？

卡米拉：气泡里会写"卡米拉，如果你做错了，艾斯老师就会给你一个不好的分数"。

父母：原来如此，其实我不觉得艾斯老师会因为你回答错一个问题就给你不好的分数，她自己也曾经这样跟你说过的啊。不过，即使你因为答错了一个问题而得了一个不太好的分数，又会怎么样呢？

卡米拉：那我这门课的总成绩也会变低。

父母：这样啊。如果你在班级的总成绩变低，会发生什么呢？

卡米拉：我想要我的成绩全部都是A，你知道的！

父母：是的，我知道，但是我们一起试着回答这些问题，帮你找出最后的焦虑根源，可以吗？

卡米拉：好吧。如果我的成绩不够好，我就不能上好大学。您知道我也很想像您一样上哈佛大学。如果我得了一个很低的分数，那就上不了哈佛大学了。

父母：我不知道原来你在担心自己不能上哈佛，那还有很长一段路要走呢。

卡米拉：好吧，我的成绩现在对考高中而言更重要。如果我的成绩不够好，我就进不了最好的高中，以后也就考不上哈佛了。

父母：嗯，最后再问一个问题，如果你上不了哈佛会发生什么？

卡米拉：那我就做不了自己喜欢的工作。我可能会穷困潦倒、郁郁终生。我肯定会后悔自己当初没有逼自己努力一点取得好成绩。

最后一步可能需要被分解，就像前面的步骤一样。

父母：卡米拉，你做得非常好。我正在学习怎样才能帮助你对付恐惧，以后你就不会太焦虑，也不会因为焦虑而妨碍学习。我们改天再深入聊。

卡米拉：好，妈妈。我感觉自己很傻，因为我知道自己不应该这么焦虑，但是我控制不了自己。

⬇ **情境：**
在课堂上举手并在同学面前回答问题。

⬇ **在这一情境中会发生什么？**
我可能会答错。在同学面前回答问题之前，我需要百分之百确信我的答案是正确的。

⬇ **如果你不是百分之百确信回答是正确的会怎么样？**
每个人都认为我能给出正确答案，我讨厌犯错！

⬇ **如果你犯错了会怎么样？**
我会很失望、很紧张。

⬇ **如果你失望和紧张了会怎么样？**
那感觉会很糟糕，我就没法考上一所好大学或者找到一份好工作。

⬇ **如果你考不上一所好大学会怎么样？**
我以后的人生都会很糟糕，永远都不会开心。

图5 "向下的箭头"表（由卡米拉妈妈填写）

卡米拉的妈妈根据对话的内容填写了一份"向下的箭头"表，如图5所示。对比海莉和卡米拉的"向下的箭头"表，会发现这两个孩子从第一个问题开始，所指向的焦虑根源完全不同，这说明，每个孩子的焦虑都各不相同。

应用"向下的箭头"技巧

"向下的箭头"技巧中，不停地追问孩子问题可能会引起孩子的不适和焦虑，因为这迫使他不得不面对恐惧，虽然不是处于真实的诱发情境，但是在大脑中，他需要与自己的恐惧面对面。在理想情况下，父母可以在诱发焦虑的事件发生后与孩子进行这些对话。你肯定不希望在孩子正处于焦虑中、情绪激动的时候尝试和他探讨这个问题，但也最好趁诱发情境在大脑中的印象仍然清晰的时候开始使用"向下的箭头"技巧向孩子提问。

使用"向下的箭头"技巧本身就会起到使人镇静的作用。孩子有时会对这种深度的讨论感到惊讶，包括通过写在纸上的内容看到自己恐惧的非理性本质。他们可能一直在逃避思考这些问题，所以，只是把问题直接曝光就会产生积极的效果。我喜欢跟带孩子前来治疗的父母说一个类比，就是将恐惧比作夜晚的怪物。在黑暗中，孩子可能会想象一只怪物潜伏在房间里，但是在白天的时候，这个可怕的东西很有可能只是一堆衣服。恐惧也是如此。通过使用"向下的箭头"技巧，把恐惧拉出来见见光，常常能使孩子对自己的焦虑有更客观的认识。

不过，"向下的箭头"主要目的是分析孩子的恐惧结构，不要试图用这种方法来向他证明他害怕的可能后果是多么不合理，这往往会适得其反。你和孩子应该利用这一步中获取的关于恐惧结构的信息，继续进行下一个步骤，比如通过智慧对话或暴露疗法来纠正错误思维。

一些忠告和建议

你的孩子可能会反复拒绝以任何方式谈论焦虑和恐惧。不要因为被拒绝而感到气馁，你可能只是需要等待一个合适的时机，让孩子能够并且愿意用语言表达出他的感受。

你可能还会发现，父母对孩子展露出的内心世界也会有自己的情感反应。焦虑的孩子的恐惧结构可能会是可怕、阴暗、怪异或愚蠢透顶的，但尽量不要对孩子描述的内容添加太多自己的解读。例如，孩子担心自己会不小心伤害了别人，或者不能从脑海中把一个可怕的形象抹除，父母千万不要因此而认为他有愤怒或暴力倾向。保持一种中立的、好奇的态度，如果父母表现出忧虑，孩子可能会觉察到这一点，从而不相信整个治疗过程。所以，当孩子表露出他的焦虑和恐惧时，要给予鼓励和表扬，以一种对孩子来说相对舒适的步调来进行对话。如果孩子表现出不堪重负，父母要及时退一步或者停下来休息一会儿，但记住之后一定要再次回到这个过程中。

记住，作为父母，你不是，也不应该期望自己是一名临床医生或专家，你可以通过使用这本书中的方法和知识帮助孩子。对孩子的恐惧结构有一个清晰的认识是进行认知行为疗法计划的第一步。一旦有了初步的认识，你就可以开始帮助孩子一起克服这些焦虑和恐惧。了解孩子的焦虑对接下来让孩子接受暴露也很重要。

最后，如果你对孩子恐惧的内容感到很忧虑或很不舒服，我建议你联系在儿童焦虑症方面很有经验的认知行为治疗师。不过，请先阅读整本书，因为你在这里学到的知识也会给你帮助孩子提供一些支援。

总结
你从本章中学到了什么

★ 有助于识别焦虑诱因和与其相关的恐惧结构的策略包括监测和"向下的箭头"技巧。

★ 焦虑通常不会是毫无缘由的，一定有某些特定的事物诱发了孩子的焦虑。

★ 你可以通过观察使孩子变得沮丧、担忧或者孩子极力想要逃避的情境来确定诱发孩子焦虑的原因。

★ 监测包括观察孩子出现焦虑的情境，并记录下在这些情境中你是如何做出反应的。

★ 开始的时候，监测要每天进行，至少持续1周。

★ "向下的箭头"技巧可以让你和孩子共同构建出他的恐惧结构，并认识到每个诱发情境对应的预期后果。

★ 使用"向下的箭头"技巧本身有一定程度的镇静作用，但它的主要目的是构建出孩子的恐惧结构。

Anxiety Relief for Kids

5

停止助长孩子的焦虑

健康的孩子在需要的时候都会向父母寻求安慰、指导和保护。相比之下，患有焦虑症的孩子经历的痛苦比健康的孩子更多，所以，当焦虑被诱发的时候，他们往往会更加依赖父母。我每天都会遇到这些孩子的父母，他们告诉我，他们尝试了无数种方式去安慰孩子，由此感到精疲力竭、压力重重，并且也给自己的日常生活带来了一些麻烦。有时候，父母会对孩子的焦虑感到十分无助，原想平息孩子的焦虑，结果自己却大发脾气，反思之后感觉更加糟糕。

我曾经遇到过很多父母，他们常常会因为安抚孩子、给孩子讲道理，试着说服孩子，想让孩子明白他的恐惧是没有道理的，结果让自己也变得焦虑起来。出于种种无能为力的感受，他们会帮助孩子逃避诱发焦虑的情境，即使这种逃避实际上是在加剧孩子的焦虑。父母们之所以这样做，是因为他们没有找到别的更有效的方法可以减轻孩子的痛苦。一些父母也告诉我，甚至精神科医生、行为儿科医生、心理学家和其他心理健康专家也曾经建议采取某种形式的逃避或者转移注意力的方法来减轻孩子的痛苦。事实上，这些做法只会起到反作用，因为它们并非建立在可靠的、现有的科学证据的基础上。

例如，针对许多对独自睡觉感到焦虑和害怕的孩子，父母会精心设计一系列睡前仪式——播放轻柔的音乐、准备舒适的床垫、答应孩子爸爸妈妈会随叫随到，甚至直接允许孩子跟他们睡在一起或者睡在他们的房间里。许多大一点的孩子的父母告诉我，他们处于青春期的孩子会不断地给他们发短信，反复要求他们确保一切都没有问题。一些父母被孩子搞得束手无策，只好允许孩子不去学校，认为给孩子放一天"心理健康假"可以让孩子从心理上得到一些缓解，至少不会对孩子造成任何伤害。

父母很容易就陷入一种固定模式中。有时，在对一个焦虑的孩子妥协了很多年之后，父母会对自己行为的边界和影响力失去洞察力。即使许多受过高等教育、非常聪明和善良的父母，也会在回应一个焦虑的孩子时做出许多不恰当的行为。科学家将这些父母的行为称为"父母迁就"。父母迁就是一种被广泛研究和记录的、出现在焦虑症儿童家庭中的现象，而且，父母迁就的程度越深，孩子的治疗结果越差。研究还表明，父母对于孩子的焦虑症状越忍让，孩子的焦虑症状就会越严重（Garcia et al. 2010; Merlo et al. 2009）。耶鲁大学的研究人员目前正在研究减少父母的迁就行为是否能作为有效治疗儿童焦虑症的专有方法。

我自己的亲身经历印证了这一科学假设。事实上，大多数向我咨询过的父母，或多或少因为迁就孩子的焦虑和恐惧而在无意中加剧了孩子的问题。这就是为什么我要和这些父母紧密合作，努力减少他们的迁就行为。在这本书的帮助下，你也将学会如何减少父母迁就行为。通过控制自己的行为，你可以在孩子的康复过程中扮演至关重要的角色。这一章将解释迁就的行为有哪些，以及如何减少这类行为的出现。

在本章中，我们将讨论作为父母应该如何改变自己的行为，以此来控制可能会诱发或加剧孩子焦虑的因素。不过，请不要把这些当作是对你的教养方式或者其他行为的指责和批评，这样的讨论只是为了理性地找出导致孩子焦虑的因素，并对其进行纠正。首先，我们将一起了解什么是逃避和安全行为；接着，我将讨论父母可以采取哪些方法减少自己做出这类行为。

在此之前，我需要先介绍一些术语和关于强迫症（obsessive-compulsive disorder，OCD）的信息。在认知行为疗法中，我们将伴随焦虑问题而出现的迁就行为称为"逃避和安全行为"。逃避行为是指人为了避免使自己陷入或去想可能诱发焦虑和恐惧的情境而采取的行为。安全行为则是指人为了减少在诱发情境中的可能后果带来的痛苦而采取的某种行动或者产生的某种想法。患有强迫症的人就是更进一步地使迁就行为形成习惯，以此来减轻自己的焦虑。就像焦虑症孩子的父母会同孩子一起采取逃避和安全行为一样，强迫症孩子的父母也常会与孩子一起卷入强迫行为和仪式行为中。举个例子，如果孩子有洁癖强迫观念，父母可能会参与一些仪式行为，比如，不断地给孩子提供洗手液、在餐馆里反复擦拭餐具，以及不断向孩子保证东西是干净的。如果你怀疑自己的孩子有强迫症，也请不要跳过前面部分而直奔第10章和第11章。请慢慢读下去，因为如何帮助孩子克服强迫症和如何帮助孩子克服其他焦虑问题之间有很多相似之处。

逃避行为

逃避通常是孩子在面对焦虑的诱发情境时采用的首要策略之一。这也是许多父母的本能反应。孩子害怕狗，所以父母决定帮助孩子远离狗，然后会想："问题解决了！"或许，这只是你自己的想法。

短期内，逃避是有效的。如果孩子不再置身于诱发焦虑的情境，那么他的焦虑就不会被诱发。但是，从长远来看，逃避是有害的。让孩子逃避接触到使他感觉恐惧的情境，实际上是在不断地告诉孩子的大脑，他所恐惧的情境中确实存在可怕的东西。他每逃避一次诱发焦虑的情境，大脑就会学习到要更加害怕这种情境的出现。此外，他完全无法从逃避中学会克服这种恐惧。

每次的逃避都会滋生更多的逃避行为，这种情况甚至能蔓延到其他情境中，使孩子变得越来越恐惧。我将用广场恐惧症来解释这种循环是如何产生的。广场恐惧症是惊恐障碍的一种类型，发作时患者会对某些公共场合或开阔的空间感到极端的恐惧和害怕。惊恐发作通常是在特定情境下被触发的。例如，孩子在公园里玩滑梯的时候突然出现一次惊恐发作，之后他会觉得不应该再去公园，以避免惊恐再次发作。但是，之后在一个不同的地点，比如在图书馆中，惊恐再一次发作了，那么他就会认为也应该避免再去图书馆。下一次，有可能在杂货店里又发生了同样的事情。最终，为了避免出现在各种可能会引起惊恐发作的地方，孩子只能待在家里，因为他认为家是唯一不会诱发惊恐发作的安全地点。

由此可以看出，逃避加剧了孩子的恐惧，并且使得恐惧不断地增长和扩散。这就意味着，父母必须停止对这种逃避策略的纵容。你认为可能对孩子有帮助的措施实际上是在阻碍孩子的恢复。正因如此，迈克尔·汤普金斯（Michael A. Tompkins）——一位焦虑障碍领域的专家——曾提出减少逃避是克服所有焦虑和恐惧的首要方法。

安全行为

安全行为是孩子和父母都会采取的行为，以此来避免孩子在诱发情境中体验到可能出现的可怕后果。比如，你的孩子害怕呕吐，你和孩子一起制定了一种特定的饮食方案防止孩子呕吐，这就是一种你们都参与的安全行为。尽管这么做看起来对防止孩子再次呕吐很有用，但这种安全行为最终会导致孩子对呕吐的恐惧日渐增加而不是减少。

不胜枚举的安全行为在生活中都可能被孩子单独使用或与孩子身边的其他重要的人一起使用。根据我的经验，许多焦虑儿童的父母会以某种方式为孩子的安全行为做出贡献，有时甚至会发展出一套自己的行为来补充或加强孩子的安全行为。假设孩子被同伴邀请去对方家中玩耍。由于担心孩子怕狗，父母提前打电话确认邀请者家里是否有狗，然后才答应孩子赴约。在这个例子中，父母帮孩子规避了令孩子感到恐惧的情境，重新构建了孩子的社交生活。父母可能认为自己是在帮助孩子，而且在短期内，这样做确实解决了一些问题。但每次父母做出这样的干涉，都会助长孩子的焦虑，使他越来越难以克服心中的恐惧。

给予焦虑的孩子过度的安抚是父母在面对孩子的焦虑时试图提供安全感的另一种常见但有害的方式。思考一下下面这对母子间的对话。

一个怕呕吐的孩子说："妈妈，如果吃那个苹果，我会吐吗？"

妈妈回答："亲爱的，那个苹果没问题，不会让你呕吐。"

尽管对父母来说，这样的回答可能没有任何问题，但是孩子从中得到的信息是，吃所有食物之前都需要经过父母的确认，当父母确认没有风险时才可以吃，而自己单独吃东西就是不安全的。下一次，当孩子坐下吃饭时，他又会感觉到焦虑。每一次他都需要来自父母的反复确认，因为所有食物都会诱发他的恐惧反应："妈妈，这根香蕉会让我呕吐吗？""那三明治呢？三明治可以吃吗？"在类似这样的对话中，父母每次都提供的过度确认会在无意中增加孩子的恐惧心理，妨碍他学会减少对食物的焦虑。

现在，我相信你肯定会想："好吧，那我该如何回应孩子，才能不助长他的焦虑呢？"接下来，我们将讨论可以采取哪些方法来改变你的行为。

停止逃避和安全行为

接下来，我将向你介绍如何与孩子一起停止逃避和安全行为。

第1步：定义父母的行为

首先要确定父母可能会以什么方式助长孩子的焦虑。表3列出了一些父母在帮助孩子时所做的行为，这些行为都会助长孩子的恐惧。参考下表，反思一下，你是否有过这些适得其反的行为。

表3　父母会做的助长行为

逃避行为	安全行为
允许孩子逃避一些确定会诱发其焦虑的情境，如公园、食品杂货店、电影院等	在令孩子恐惧的情境中过度地向孩子反复确认他是安全的
为孩子避免在朋友家过夜或者和别人一起玩耍找借口	给孩子解释为什么他的恐惧是非理性的
避免看可能会诱发孩子恐惧的新闻或讨论相关事件	为了迁就孩子的恐惧而改变他的时间安排
如果孩子在某个情境中感到害怕，允许他离开	只提供孩子喜欢的食物或者只光顾特定的"安全"餐厅

为了帮助父母识别自己的行为，请翻看你在第4章中填完的父母监测表。观察你的行为和你对孩子的焦虑做出的反应。接下来，开始填写"父母的逃避和安全行为表"。你可以在附录D中找到空白表格。表4显示了海莉的爸爸在表中填写的内容。

表4　父母的逃避和安全行为表（由海莉爸爸填写）

情境	逃避和安全行为
海莉朋友的妈妈打电话邀请海莉去她家玩耍和过夜	● 我试着为海莉找借口，为了让她不会觉得迫于压力要去 ● 我努力说服海莉去赴约，我反复向她保证一切都没问题，她会在那里玩得很愉快
海莉的姐姐玛丽有朋友要到家里来做客	● 我允许海莉在她自己的房间里吃饭，以避免遇见她姐姐的朋友 ● 我告诉玛丽和她的朋友，海莉有家庭作业要做，所以她需要待在自己的房间里完成
海莉有一个演讲	● 我不断安抚她 ● 我向她解释为什么不需要担心 ● 我给她泡了菊花茶

第2步：制订一个计划来减少父母的参与

父母需要制订一个计划，逐步减少自己在孩子的逃避和安全行为中的参与。孩子越是依赖你的参与，要做出改变就越具有挑战性。当孩子看到你逐渐摒弃这些行为的时候，他的恐惧温度计数值就会上升。为了减轻孩子的痛苦，你应该逐步减少自己的参与，不能一蹴而就。

拿出你在上一步中完成的列表，找一个安静的时间和孩子讨论你所学到的知识。孩子此时已经对克服恐惧的程序很熟悉了，所以这个讨论不会显得太突然。向孩子解释，当他感到焦虑的时候，父母的一些回应方式对他而言并没有帮助，相反，有些回应可能反而对他克服焦虑的能力形成阻碍。

看看手中已有的表格，和孩子一起回顾一下每一个逃避和安全行为，然后问他："如果我在这种情境下不这么做，你的恐惧温度计数值会有多高？"例如，当爸爸问海莉如果自己不参与她的某种行为，她会觉得有多难熬的时候，海莉给恐惧的等级划分一个范围。由于她只是对恐惧做出一个估计，在现实中她的恐惧温度计数值会根据爸爸的行为出现的情境不同而有所不同。比如，在爸爸停止给予安抚和合理化解释的时候，她的恐惧温度计数值为2~4。

- 父母停止提供安抚和合理化解释（2~4）。
- 父母不再允许她逃避各种情境（5~9）。
- 父母不再为她找借口，使她可以逃避可怕的情境（2~6）。

回顾海莉的清单，可以知道他们应该从爸爸停止给予她安抚和合理化解释开始，因为这样做她的恐惧温度计数值上升的幅度最小。海莉和爸爸应该都会同意这一点：爸爸将停止对海莉的安抚，不再向她解释为什么她不应该在特定情境下焦虑。

尽管你的孩子还没有正式进行暴露疗法，但减少逃避和安全行为显然会带来一定程度的暴露，进而导致他经历一定程度的痛苦。以海莉为例，如果孩子先停止那些导致她产生程度最轻的焦虑的行为，整个过程将会变得更容易接受一些，而循序渐进也会增加孩子参与这个过程的意愿。

第3步：改变父母的行为

当你和孩子已经就父母将要停止的第一个行为达成共识时，你的目标是避免在已经达成一致的情况下出现反复。孩子总是会经历一些比往常更艰难的日子，也许还会乞求你恢复原来的安抚行为。父母要做的就是坚决拒绝孩子的这种乞求，尤其是当他在没有你庇护的情况下变得很痛苦的时候，更应该坚持拒绝。下面是一些可以帮助你和孩子实现这个目标的建议。

首先，在你做出真正的改变之前，先和孩子一起尝试做一些"预演"，看看事情会如何发展。如果你预期自己或孩子可能在停止某种特定的逃避或安全行为后会十分难过，那么提前进行故障排除尤其有帮助。即使你认为第一步相对容易，但最好还是事先做好准备和预演。练习和反复练习是克服焦虑过程中的重要部分，父母和孩子在每次练习中都会学到新的东西。

最好的故障排除方法是假装你和孩子正处于一个诱发焦虑的情境中，你有可能会自然地参与特定的逃避或安全行为。在准备阶段，请考虑以下问题。

- 当我和孩子停止出现这些行为时，会发生什么？
- 除了安抚的话之外，我该对孩子说些什么？
- 看着孩子备受煎熬，我该怎么做？
- 当下我如何帮助孩子？
- 陷入困境，孩子该如何应对？

你和孩子一定想要找出并实践可行的解决方案。你可以参考前面介绍的一些基本工具——给恐惧取绰号和使用恐惧温度计，在本书后面的章节中，你还会学到其他策略，比如智慧对话（第7章）或者和你的伴侣一起玩团队标签。

下面的对话是海莉和她爸爸的一次交谈，他们的对话建立在之前对话的基础上，他们已经事先使用了故障排除法，所以现在对新行为进行了一次预演。

父母：海莉，我们已经达成共识，如果之后你担心别的孩子不喜欢你，我也不会再反复安抚你或者解释为什么你不用担心，对吗？

海莉：对。

父母：我们谈谈怎么才能做到。比如，现在我去学校接你。因为在课堂上你回答数学问题时结巴了一下，米歇尔用奇怪的眼神看了你一眼，于是你担心她会嘲笑你。你不断向我解释课堂上发生的事情，希望我可以向你确认你并没有做任何奇怪的事情。如果我不向你确认，你认为会怎么样？

海莉：我可能会生您的气。

父母：亲爱的，谢谢你的坦诚。如果我真的没有像你期望的那样做，你认为我们还能做些什么呢？我们可以用前面的哪一种工具来解决它吗？

海莉：我可能会使用取绰号这个方法。

父母：好主意！我能不能这样问："你的焦虑怪兽是不是正在骚扰你？"

海莉：您不用问我，只要用"焦虑怪兽"代替我的焦虑就好了。

父母：非常好。这就是我们要做这个练习的原因：我们想要找出解决焦虑的最好的办法。还有没有其他工具能够帮到我们呢？

海莉：我们可以使用恐惧温度计。

父母：太棒啦！我们具体应该怎么做呢？当你正处于焦虑情境中并且盼望我可以给予你安抚的时候，我能不能问"你的恐惧温度计数值现在是多少"呢？

海莉：这听起来还可以，我没什么意见。

父母：到目前为止，你的建议都非常棒啊！我们已经有了起绰号和恐惧温度计这两个工具啦。应该多练习几次。

海莉：我们应该怎么做？

父母：假设你现在正处于焦虑情境中，然后我们使用这些工具。我们还用之前那个情境来说。假设我现在接你放学，你担心米歇尔不喜欢你，好吗？

海莉：好的。我们要做什么呢？

父母：假设情境开始啦，现在我正在接你放学。宝贝，今天在学校过得怎么样？

海莉：哦，我明白该怎么做。爸爸，今天在学校过得还不错。但是我真的很难过，因为在数学课下课之后米歇尔就不理我了。我花了很长很长时间去回答库克先生问我的一个数学问题。我感觉自己像一个傻子一样！米歇尔现在一定认为我很蠢很笨！

父母：这听起来像是焦虑怪兽出现了，你觉得呢？

海莉：我猜可能是。

父母：用你起的绰号怎么样？你可以默默地试一下。

海莉：（沉默了一会儿，然后笑了）好的，我做了。

父母：现在你的恐惧温度计数值是多少？

海莉：大约是4。放学后米歇尔和我说再见的时候，恐惧温度计数值是6。米歇尔看起来好像还是对我有意见，尽管她跟我说了再见。

父母：就是这样。我不会再安抚称，你使用了你拥有的两个工具。觉得这个方式怎么样？

海莉：我觉得非常好。

父母：我也觉得我们做得非常棒。我现在感觉准备得更充分了，你觉得呢？

海莉：是的，但我还是感觉有时候会很艰难。

父母：我理解。但是如果我们一直不断地练习，一切就会变得越来越容易，焦虑就不会像以前那样来困扰你了。

当你和孩子一起解决问题时，试着使用你们在这本书中学到的工具，不要依赖于旧的有害行为或者加入你自己创造出的混杂的方法。你可能已经习惯于依赖安全行为，很难做其他尝试，但别让这样的习惯成为你的障碍。如果你觉得尴尬，或者孩子说他不喜欢你的新行为，也没有关系，他这么说很可能是为了让你恢复旧习惯。保持耐心、坚持下去，最终你们会掌握克服焦虑的诀窍。

第4步：决定下一个父母将要改变的行为

当你和孩子都已经在消除最初设定的要最先停止的逃避和安全行为时感觉舒适自如，再次回到之前那张"父母的逃避和安全行为表"上。再次与孩子讨论，一起决定下一步希望消除哪些行为。同第一次确定要消除的行为一样，提前练习和排除故障。不断重复这个过程，直到你消除了所有的逃避和安全行为，确保你不会再出现这些行为。如果你再一次出现之前的行为，那么孩子的焦虑很可能会故态复萌。

温馨提示和故障排除：在进行认知行为疗法的过程中停滞不前时应该尝试的策略

有些孩子的父母可能比其他父母更难克制自己参与孩子的逃避和安全行为。同样，孩子也往往向父母双方中的一方寻求更多的安抚。根据我的经验，在传统家庭中，孩子更倾向于选择让妈妈，而非让爸爸参与自己的逃避和安全行为。但在相对不那么传统的家庭中，情况可能会比较多样。通常情况下，孩子往往会更加依赖父母中的某一方。我们知道，自己本身就挣扎于焦虑之中的父母往往会比其他父母更容易参与孩子的逃避和安全行为。

不管怎样，作为父母，当孩子感到难过的时候，都会本能地想给孩子提供安抚。当看到孩子不开心的时候，父母总想奋不顾身地把他从困境中拉出来。如果你正挣扎在这些行为中，以下的策略可以帮助你。当你觉得自己需要回归正轨的时候，可以参考这些策略。

策略 1：回到基本问题

如果你在回应孩子的焦虑问题时遇到了困难，我建议你回头去看看焦虑工具箱（比如监测、起绰号等）。参考你之前收集填写在表格中的信息，使用这些信息找到一个客观的回应。回到你的父母监测表中，回忆一下你是如何学着更加自如地对焦虑的孩子做出回应的。回顾曾经用过的有效的步骤是一个非常好的策略。利用你曾经使用过的，并且最得心应手的工具来帮助你。请记住，你和孩子都需要运用这些技巧来改变自己的行为和应对方式。回归到最基本的问题可以巩固整个治疗并重新聚集你所做出的努力。

策略 2：始终如一地坚持

父母可以通过无数种方式成为加重孩子焦虑症状的帮凶，聪明的孩子也可以通过无数种方式来改变父母的行为。父母必须和孩子一样，努力改变自己的行为，以打破这种加重焦虑的恶性循环。不要低估孩子抗拒放弃逃避和安全行为的能力。要让孩子接受挑战，稳步向前，逐渐地一一克服每一个不好的行为，同时也要相信孩子能够做到。父母要保持强大的内心，持之以恒。

如果你在行动上无法做到持之以恒，孩子就会挣扎。如果你时不时地做出让步，孩子就会学会通过不断地乞求、恳求或者发脾气以使自己得到想要的东西，比如迫使你参与他的逃避和安全行为。当你想再次拒绝妥协时，孩子就会变本加厉地向你乞求。在行为理论中，我们将这种极端的反应称为"毁灭性爆发"。

对任何人而言，毁灭性爆发都不是好玩的。与之相似的，行为缺乏持续性会让孩子更难以应对特定的诱发情境。孩子知道他自己可以诱导父母做出安全行为，与他知道父母不可能参与他的安全行为相比，会承受更大的痛苦。所以，坚持你的应对方式，拒绝参与孩子的逃避和安全行为，这对孩子有直接的帮助。

策略3：富有创造性

在消除孩子的逃避和安全行为的过程中，父母发挥创造力和掌握灵活度是非常有用的。例如，马特的妈妈开车送他去参加足球训练，马特经常会觉得害怕，因为他有完美主义倾向，担心自己会犯错。如果妈妈是马特轻易能通过眼泪、痛苦表情和恳求打动而给予他抚慰的人的话，就不该让她送马特去参加训练。可以考虑让马特和他的队友一起拼车去，或者让爸爸送他去参加训练。这种方式的转变可能对马特来说更容易接受一些，因为可以和自己一起参与逃避和安全行为的人并不在场，他出现逃避和安全行为的冲动也将减少。当然，当马特不能采取逃避或者安全行为时，他的恐惧等级有可能会变得更高，但这只是暂时的。当马特发现克制自己不去采取安全行为变得容易了之后，就可以再由妈妈开车送他了。马特必须坚持克制自己不去向妈妈寻求安抚，同时妈妈也必须坚持不向他提供这种安抚。

策略 4： 拒绝争论和讲道理

父母经常会和他们的孩子进行冗长的对话，试图向孩子解释为什么不应该在某一种特定的情境中感到焦虑。你说的可能是合理的，但是这样的对话效果却可能与你预计的相反。这么做可能反而会加剧孩子的恐惧和焦虑。让我们回顾一下 12 岁的卡米拉的案例。卡米拉的行为表现出她有完美主义倾向，她不愿意参与课堂互动，因为她害怕自己回答错误。卡米拉的妈妈感到既恼怒又难以置信，她不明白为什么女儿就是看不懂其中的道理。她曾说过这样的话："卡米拉，你应该明白，没有人能永远都是正确的，对吗？""犯错也是学习新事物的一部分，对吗？"卡米拉的妈妈对女儿传达出的是无法理解和难以置信的态度。父母很容易向一个焦虑的孩子解释为什么不应该担心，因为他的担心和恐惧往往是不合理的。诸如此类的道理和解释，可能会在短期内安抚孩子，但从长远来看，只会让恐惧和焦虑延续下去。所以，不要讲道理，也不要跟孩子争论，学着使用本书中提供的工具，才是帮助孩子的恰当方式。

策略 5： 利用团队的力量

在一个完整的家庭中，父母双方需要在孩子的整个治疗过程中互相支持。如前所述，做出这些行为上的改变对孩子和父母来说都是一种挑战。如果你已经填完了前面提到的父母监测表，就可以清楚地知道父母哪一方参与了哪些情境。如果父母中的一方开始感到挫败或无法遵守计划，那么可以退后一步稍事休息，让另一方接替。像这样的交替工作在任何时候都值得推荐，这样双方都能明白保持一个持续的过程的重要性。另外，伴侣作为一个坚强的后盾，也可以在你感觉自己变得虚弱无力甚至开始质疑自己的决定时，给予你一些帮助。你的行为和感受要获得伴侣的认同，因为这项治疗方案是两个人的团队协作。

策略6：稍事休息

记住，当孩子被情境诱发焦虑时，他对自己的恐惧是深信不疑的。他可能会暂时失去洞察力，很难坚持使用有效的工具和策略。那么，在这段时间里休息一下，父母和孩子都不谈论当下所处的情境，这对治疗而言也是很有帮助的。

在使用这个策略之前，一定要引入"稍事休息"的概念。运用你在第2章中了解到的关于焦虑如何作用于孩子的大脑的知识，提醒孩子，焦虑是一波一波来袭的，并告诉孩子他现在正在经历一波焦虑。向孩子解释，在恢复平静后再讨论这个焦虑情境会更有帮助。注意不要让这个策略成为一种逃避行为。如果孩子发现他可以利用"稍事休息"来逃避和父母讨论他的焦虑，那就需要停止使用这种策略。

策略7：不要伤害

你可能常常会纠结于要不要给孩子提供情绪安抚。我曾经听过有的父母这样为此争辩："我的目标只是让我的孩子获得安全感。"请听我的建议，这不应该作为我们的目标。你的目标应该是将孩子培养成为一个适应力强、思维灵活、内心强大的人。如果你相信你的使命是将孩子放置于温室之中，让孩子远离所有的痛苦，那你可能需要改变一下自己的想法了。

就像孩子们在最初学习克服焦虑的时候一小步一小步开始，然后在小的进步上进行下一步一样，父母也可以从可控制进展的部分开始。尽管你在面对孩子的焦虑时可能会感到无助，但这本书可以帮助你遵循希波克拉底誓言的第一条规则：不要造成伤害。不要助长焦虑。不要在每一步中都提供安抚。不要感情用事。即使一开始你制订治疗计划时满怀憧憬、踌躇满志，也要首先确保你不会使问题变得更糟。

要时刻提醒自己，让孩子勇敢去面对自己的恐惧，这绝不代表你作为父母对孩子太苛刻。如果你遵循本书的指导方针，那么你就可以通过被大量科学验证过的认知行为疗法帮助孩子。只要你注意不要对孩子进行惩罚、批判或表现出失望，就不是在苛求孩子。

总结

你从本章中学到了什么

- ★ 逃避行为是为了避免使自己陷入或想起一种诱发焦虑或恐惧的特定情境而采取的行为。

- ★ 安全行为是为了降低在诱发情境中可能出现的可怕后果的概率而采取的行为。

- ★ 你采取的一些行为，比如，允许孩子逃避，提供过度的确认和安抚，讲道理，为孩子的安全行为提供过多依赖，以及参与孩子的逃避和安全行为中，都会在无意中强化孩子的恐惧和焦虑。

- ★ 通过分析你在监测孩子和自己给予孩子的反应过程中所搜集的信息，来确定你在孩子的逃避和安全行为中的参与程度。

- ★ 制订一个计划并照计划实施来减少自己在孩子的逃避和安全行为中的参与度，最终消除你在这些行为中的参与。

- ★ 帮助你消除逃避和安全行为的策略包括回到基本问题、始终如一地坚持、富有创造性、放弃争论和讲道理、利用团队的力量、稍事休息、不要伤害。

Anxiety Relief for Kids

6

让孩子停止
助长自己的焦虑

焦虑程度较高的孩子不可避免地会找到一些策略来减轻自己的痛苦，这些策略完全独立于父母为保护他们而采取的措施之外。正如我们在前面几章中提到的，焦虑的孩子常常逃避可能诱发他恐惧和焦虑的情境。他们也常常会"拉拢"其他人，尤其是父母、兄弟姐妹、朋友和老师，让他们为自己反复确认，替自己做害怕的事，并参与自己的其他安全行为之中。同时，焦虑的孩子可能会反复检查自己的作业，或者分散自己的注意力，反复提出同一个问题，或者发展出许多其他策略和固定的仪式行为，以确保自己害怕的后果不会出现。

从表面上看，孩子自己发明的这些策略似乎可以帮助他们应对焦虑，事实上，使用这些策略也确实可以在短时间内缓解他们的痛苦，然而，就如同你对孩子的焦虑的不恰当反应会助长他的恐惧一样，孩子自己创造的许多策略最终只会助长他的恐惧，而无法帮助他克服恐惧。因此，这些由孩子自发创造的策略必须被识别出来，减少使用，并且最好被消除。

我经常给孩子和父母们做一个类比：恐惧就像一个需要血液供应来维持生长的肿瘤。父母和孩子的逃避和安全行为就是为肿瘤提供的血液。每当孩子或父母停止逃避或安全行为时，血液供给就会被遏止，随着时间推移，恐惧就会慢慢减少。就像你在诱发情境中识别并改变自己对孩子做出的反应一样，你必须帮助孩子识别他在没有父母在场时自己独立采取的逃避和安全行为，并予以改变和消除。让我们来看看这个过程是怎样进行的。

消除逃避和安全行为

你可以遵循以下4个步骤来帮助孩子停止逃避和安全行为。

第1步：识别逃避和安全行为

花点时间思考一下孩子在诱发焦虑的情境中的行为。如果可能的话，和你的伴侣坐下来，交流彼此的想法。到现在为止，从前面的内容中学到的知识可能已经让你很擅长识别这些模式。为了做到系统和彻底地识别孩子的行为模式，重新查看第4章中的父母监测表，对比表5中列出的逃避和安全行为，摘取其中的行为重新编辑一份目标行为清单。要时刻记得，逃避和安全行为可能看上去特殊、极端，有时也很古怪和愚蠢。不要犹豫，记录下所有对你来说无法理解或者看起来很疯狂的行为。

现在，邀请孩子也参与这个步骤。把他的想法（我建议可以从他的反馈开始）也包含在内，参考表5，问问孩子参与了其中哪些最常出现的行为。一定要特别留意孩子在逃避和安全行为中表现得独特和与众不同的地方。最直截了当、共同协作的方式是最有成效的。直接问孩子他是不是在诱发情境中做出了这些行为。即使你没有观察到，或者并不怀疑孩子会做出某些安全行为，也可以直接问他。

你可能会发现，你和孩子对这些策略的某些方面都很熟悉。要有创造性、保持宽容、深入、实事求是地进行这个步骤。记住，你做这些的目的只是为了识别特定的行为，目的是为了让孩子感觉好起来，而不是要在孩子身上找错误。

表5　儿童常见的逃避和安全行为

逃避：可能明显，可能不明显，包括制订计划去避免某些特定情境
反复确认：问父母问题，上网搜索，或采取其他措施来确保可能出现的可怕后果不会出现
分心战术：看电视，看书，关注令人愉快的事情
检查行为：可能明显，可能不明显，包括在头脑中做的思维上的检查
离开或逃避诱发恐惧的情境
只吃少量被认为安全的食物
在感到焦虑或痛苦时使用手机打电话或发短信给父母
使用手机或电脑来避免社交接触或用来转移注意力
焦虑时坐着或躺着
各种各样的仪式行为

第2步：填写表格

现在你和孩子已经做好填写"在诱发情境中我所做的逃避和安全行为表"的准备。你可以在附录 E 中找到空白表格。与之前填写表格一样，现在和孩子一起填写这份表格。

选择一段安静的时间回顾你和孩子收集的信息。由于孩子此前已经从你身上学到了很多重要经验，所以，在这一步中他也将会是一个很棒的小助手。如果他克服恐惧的动力还很足，那就更好了。

在最左边的一栏中列出所有引起焦虑反应的情境，接着完成表中的其他栏目。然后，对应每一种情境，确定孩子在其中出现了哪些逃避和安全行为。例如，足球练习是一种诱发情境，以下这些表现可能就是这种情境中对应出现的逃避和安全行为。

- 问妈妈或者爸爸今天会不会有很多狗出现（反复寻求确认）。
- 抱怨身体不适以避免参加训练（为逃避找借口）。
- 说自己有很多作业要做（为逃避找借口）。
- 告诉妈妈或者爸爸不再觉得踢足球好玩了（通过编造借口来逃避）。
- 让自己待在离狗尽量远的地方（安全行为）。
- 让爸爸妈妈确认每个带狗的人都遵守公园里的拴绳遛狗的规则（安全行为）。

当你和孩子一起填写表格时，你很可能会发现，在每种诱发情境下，孩子很可能会表现出不止一种行为方式，而是会出现几种逃避和安全行为组合在一起的行为。

第3步：使用恐惧温度计

仔细观察孩子的每一种行为，问问孩子，如果让他克制自己不做出这种行为，他的恐惧温度计数值会变成多少。在表中最右边的一栏记录下孩子的回答。表6是海莉填完的表格。从下方海莉的爸爸是如何向海莉提出这些问题的示例中，你也可以找到一些有价值的沟通方法。

- "海莉，现在用你的恐惧温度计测量一下，如果让你一分钟都不提前地到教室上课，你觉得自己的恐惧温度计数值会是多少？"
- "海莉，如果你坐校车的时候不戴耳机，你觉得恐惧温度计数值是多少？"
- "海莉，如果你坐在校车的前排，恐惧温度计数值会是多少？"

表6　在诱发情境中我所做的逃避和安全行为表

情　境	逃避和安全行为（恐惧温度计数值）
到达教室	早早到教室，表现得很忙碌（6）
课堂参与	用头发挡住自己的脸（4） 说话声音非常小（6） 不举手（8）
在课间休息和午餐时间走路	躲开自己不熟的同学（9） 假装没有看见一些人以避免打招呼（4） 戴上耳机，让其他同学认为我很忙（3） 飞快地走路，让别的同学没有机会和我说话（4） 如果我的好朋友很忙，我就在午餐时间去图书馆（4）
坐校车往返学校	戴上耳机，让其他同学认为我很忙（3） 坐在校车的后排，这样其他同学就不会注意到我（3）

第4步：为孩子制订一个消除逃避和安全行为的计划

逃避和安全行为会显著助长焦虑，所以，我们要尽可能减少这些行为的出现，并尽可能快地消除它们。有两种方法可以帮助孩子做到这一点。一种方法是制订一个计划，帮助孩子消除日常生活中相对容易停止的逃避和安全行为，这一章对这种方法给出了相应的解释。另一种方法是通过暴露来帮助孩子消除行为，如何进行暴露将在第8章中详细讨论。对你的孩子来说，也许使用第一种方法就会非常成功，那么暴露就不再必要。如果仅仅使用第一种方法还是无法让孩子完全消除逃避和安全行为，那么在开始进行暴露疗法之前，在日常生活中减少对逃避和安全行为的依赖也可以加快整个暴露治疗的过程。

通常，即使停止做出逃避和安全行为对孩子来说并不是非常难，可是他依然会对这些行为存有依赖。出现这种情况是因为恐惧常常发生转移或变化，而孩子依赖的安全行为还没来得及变化。在这种情况下，孩子的行为更多的是出于习惯而不是出于恐惧。我认为这种情况是最容易摆脱的。

为孩子制订一个计划，使用你刚刚填完的"在诱发情境中我所做的逃避和安全行为表"。首先检查表中记录的行为和恐惧温度计数值，确认它们是否对应准确。记住，随着孩子的治疗过程的逐渐进行，有些恐惧等级可能会降低。有时候，单单是用客观的眼光看待这些情境和行为，或者一起制订一个治疗计划，就能帮助孩子减少恐惧，并且让孩子愿意停止自己的这些行为。你可能会惊喜地发现孩子的恐惧温度计数值比以前有所降低，或者他会选择停止一种你原本觉得他很难做出改变的行为。认知行为疗法可以在短时间内改变一些状况，我们也很高兴看到孩子有这样的变化。

我们先从最容易被快速改变的步骤开始——找出恐惧温度计数值最低值所对应的行为。举个例子，如果仔细观察海莉在表中填写的最低恐惧温度计数值的对应行为，我们可以看到是戴上耳机和坐在校车后排。在这一步中，你列出的行为可能不只出现在某一种情境下，这也没关系。将所有恐惧等级较低的行为单列一张表，将数值最小的列在最下一层，以阶梯形式往上排，还没有学会数数的孩子可能需要父母的帮助来完成这项任务。

• 假装没有看见一些人以避免打招呼。（4）
• 飞快地走路，让别的同学没有机会和我说话。（4）

- 在课堂上用头发挡住自己的脸。(4)
- 如果我的好朋友很忙，我就在午餐时间去图书馆。(4)
- 戴上耳机，让其他同学认为我很忙。(3)
- 坐在校车的后排，这样其他同学就不会注意到我。(3)

当你完成了这个新的简短的列表后，问问孩子，在诱发情境中哪种逃避和安全行为是他有信心可以放弃的。以下对话是海莉和爸爸共同制订一个消除逃避和安全行为计划时的记录。

父母：海莉，在学习如何管理自己的焦虑过程中你做得非常棒。

海莉：谢谢您，爸爸。

父母：现在我们一起想一想，在日常生活中你愿意放弃哪些逃避和安全行为。

海莉：您的意思是之后都不能再有吗？

父母：是啊，没错。我们都知道这些行为看起来可以帮助你，但实际上最终会助长你的焦虑。

海莉：好吧。那我们要做些什么呢？

父母：我们先看一看之前一起填好的表。还记得吗，做记录的时候我问你，如果你停止某一个行为，你的恐惧温度计数值是多少。（海莉和爸爸一起研究之前填好的表。）现在对你来说，那些恐惧温度计数值还是准确的吗？有没有哪些发生了变化？

海莉：我现在觉得去图书馆的数值会低一点。昨天玛莎在午饭后和其他女孩玩，我怕别扭，于是想去图书馆待着，但最后我没有去。

父母：海莉，你很勇敢。后来怎么样了呢？

海莉：感觉好像也不是很艰难。过了一会儿，贾思敏过来给我看了一个新的游戏，我被游戏吸引了，就没再感觉到焦虑。

父母：爸爸为你骄傲！现在对你来说，为了避免和不熟悉的同学在一起而选择去图书馆的恐惧温度计数值是多少呢？

海莉：我认为是3。现在我应该做什么呢？

父母：我们现在为恐惧温度计数值最低的行为单独建一个新的表，比如，只有3和4的行为。你可以把去图书馆这个行为标上新的恐惧温度计数值了。

海莉：（制作新表时）我需要重新做所有的内容吗？

父母：不，只需要把你觉得最容易改变的行为列出来就可以了。你会选择哪一个呢？

海莉：对我来说，最容易的应该是在校车上戴耳机。

父母：它的恐惧温度计数值是3。你认为它要比其他恐惧温度计数值也是3的行为更容易放弃吗？

海莉：是，它没有那么难。

父母：非常好！那你愿意从明天开始执行吗？

海莉：好的，爸爸。我可以做到。

最好是每周帮孩子消除一个逃避和安全行为。对孩子而言，做简单一点的任务要比难一点的任务好很多。我们希望让孩子感受到成功，因此，要制订一个最容易执行的计划。孩子获得成功的经验越多，他就越有动力去继续按照计划进行。

当你和孩子选择了第一个要消除的逃避和安全行为后，建立一个日常的检查来监测他每天的表现，这是计划中一个很重要的方面。不要幻想孩子会热情地接受你的每日检查，事先问问他是否同意你每天问一次计划的进展情况。关于如何在孩子消除逃避和安全行为过程中给予奖励，以及具体问题的解决策略，我将在下面的部分中详细讲解。

使用奖励鼓励孩子停止逃避和安全行为

在第3章中，我们讨论了奖励作为一种有价值的工具该如何使用。对于消除逃避和安全行为，奖励可以起到有效的作用。大体来说，本书介绍的治疗方案偏重于强调孩子不应该做什么，这种禁令的强调可能会被当作是惩罚性的，即便它的本意并非如此。正如我在前面章节中提到的，为了避免掉入这个陷阱，父母应时刻记着，用奖励来鼓励孩子远比用惩罚来警示孩子更有效。多给孩子一些奖励！此外还需要注意，奖励不仅要针对每个孩子的期望来给予，还要足以使孩子愿意消除他自己的逃避和安全行为。

一些年龄稍大一点的孩子则完全不需要奖励，这些孩子本身就有足够的动力去控制自己的恐惧和焦虑。但是，一般来说，在治疗计划中应该包括某种类型的奖励。

接下来，我们一起来看看整个治疗过程中应该如何用奖励来鼓励孩子。基本前提是，孩子在克制自己用逃避和安全行为的冲动后得到奖励。除焦虑问题之外，这种策略也能有效地改变许多其他行为问题。

第1步：确定目标行为

你已经在"在诱发情境中我所做的逃避和安全行为表"中识别出了目标行为。

举个例子，假设你的孩子有洁癖，每天在他完成家庭作业准备吃晚饭前都要询问你一些关于吃饭的问题，目的是确保所有与吃饭相关的东西都是非常干净的。他会这样问："爸爸，你洗过那把刀了吗？""爸爸，你在哪里买的玉米？""妈妈，那只鸡安全吗？"你的目标是消除他的质疑。根据你所填写的表可以知道，孩子把停止提问的焦虑温度计数值计为3，在他的停止行为清单上，停止提问排序是最靠下的，也就是最容易停止的一种行为。

第2步：确定目标时间

接下来，确定目标时间。通过监测，你可以找到一个合适的时间，但过渡时期（如睡觉时间或者放学回家的时候）通常是最有效的，因为这些时间往往是相对固定的，每天大约都是同一时间。为这段时间制订一个计划，并且每天进行练习。在我们常见的案例中，练习常常是在孩子做完作业后到开始晚餐之间的10~15分钟完成。你需要找出这段时间，并确保在这段时间里孩子能够克制自己不会反复做出某些安全行为或仪式行为。

这个时间段有多长，需要由你和孩子双方共同协商决定。问问他，如果克制自己在5分钟、10分钟和15分钟之内不做出安全行为，与之相对应的恐惧温度计数值分别是多少。时间段的长短并不重要，重要的是孩子是否对自己可以成功消除逃避和安全行为充满信心。我希望看到一个任务对孩子来说是较容易的，而不是太难。让一个任务变得困难很容易，但是你会发现，一旦经历过失败，孩子很难从中恢复过来。话虽这样说，但即使孩子接受的挑战比预期的困难很多，甚至孩子因此又恢复了逃避和安全行为，他也依然可以从失败的尝试中学到一些东西。不要因为孩子没能达到你预期的目标就感到焦虑不安。问问孩子在这个过程中学到了什么，和他分享一下你从中学到的东西；然后利用这些信息调整你的计划，重新制订一个可以让孩子更有信心完成的计划。

第3步：确定奖励

设计一个在孩子成功完成计划时可以给予他的奖励。奖励应该是可以激发孩子动力的，鼓励孩子放弃逃避和安全行为（例如一种特别的甜点），并且奖励必须与挑战的难度相匹配。比如，孩子成功消除一个恐惧温度计数值为4的逃避和安全行为，就应该得到一个比消除恐惧温度计数值为2的行为更大的奖励。但是也要注意，不要选择一种如果得不到，对孩子来说就会产生很大打击的奖励。

选择一个既适合孩子年龄，又适合家庭的奖励（这在一定程度上反映出你家庭的价值观）。对于年幼的孩子来说，一块饼干可能就足以激励他们放弃一种逃避和安全行为。对于年龄稍大的孩子来说，奖励系统可能更复杂一些，因为他可能不会为纯粹的物质奖励而努力。许多大一些的孩子可能会被与父母共度一段特殊的亲子时间，或者在周末全家一起看电影而激励。

第4步：提醒孩子

在约定的时间到来前，你可以提醒孩子："好了，约翰，现在是6点15分。在6点半之前，你准备好停止之前反复寻求确认的行为了吗？记住，我们说好了，如果你成功完成计划，你可以选择我们的餐后甜点是冰激凌还是派。我买了你最喜欢的冰激凌和你最爱吃的蓝莓派。"

约翰看了看时钟，然后点点头。因为他知道接下来将会发生什么，并且已经认同了这个计划，所以他会心甘情愿地服从。即使他在6点半之后再次向父母反复寻求确认，他也可以得到应有的奖励。不过，你不应该给他任何确认和安抚，这么做对他没有帮助，而是应该用起绰号的工具，善意地提醒他："约翰，好像你的焦虑虫又出现了。可以把盐和胡椒递给我一下吗？"

第5步：给予奖励

如果孩子成功完成了计划，记得及时给孩子奖励。但是，如果孩子对接受奖励的想法表现出抵触情绪，并坚持自己的逃避和安全行为，就让他错失这次奖励——下次可以再提，因为孩子可能是在试探你。如果你曾经表现出与你们之前制订好的计划不一致的行为，孩子也有可能会对你承诺的奖励或惩罚表现出前后不一致的态度，孩子会在试图达到他的目的上投入大量的精力，因为他会认为，只要他坚持、等待或者发脾气，你最终会屈服于他。

第6步：如果需要的话，重新评估

当然，如果奖励计划失败的话，你必须重新对奖励进行评估。每个孩子都有不同的动机因素。作为父母，你的工作就是把你所学到的知识和经验很好地运用到你的孩子身上，并找到很好的激励因素。

重新评估你对给孩子奖励的态度。有些父母担心使用奖励是一种贿赂形式，在潜意识中对使用这种策略是抗拒的；另一些父母则认为，需要使用奖励意味着他们承认自己缺乏有效的育儿方法；还有一些父母担心给予奖励有可能会宠坏孩子。根据我的经验，使用奖励策略不会产生任何副作用。不过，如果你对奖励的使用有以上这些或类似的反对意见，我建议你应该对这个策略保持一种开放的态度。不论怎样，你做这些的最终目的是帮助孩子克服焦虑。如果能帮孩子消除逃避和安全行为，即使存在孩子被宠坏的风险，那也没什么。

总结
你从本章中学到了什么

★ 焦虑的孩子会发展出逃避和安全行为以及其他心理策略来减少自己的焦虑和恐惧，但这样其实是在无意识中助长他们的焦虑。

★ 儿童经常会采用的逃避和安全行为，包括逃避、向父母寻求安抚、反复检查、逃避诱发焦虑的情境、发脾气或找借口逃避诱发情境、发展出一套固定的仪式行为，以及要求父母参与自己的逃避和安全行为。

★ 与孩子合作，一起识别并认定孩子的逃避和安全行为。

★ 使用你和孩子之前一起填写好的几种表格，一起制订并实施一项计划，按计划帮助孩子消除逃避和安全行为。

★ 使用恐惧温度计帮助确定孩子消除逃避和安全行为的节奏和速度。

★ 使用奖励策略来激励孩子放弃逃避和安全行为。

Anxiety Relief for Kids

7

运用智慧对话
纠正认知错误

20世纪60年代，现代认知疗法之父亚伦·贝克（Aaron Beck）博士对患有抑郁症和焦虑症的人所犯的诸多思维认知上的错误而感到惊讶，并且他注意到这些错误认知的出现频率很高。亚伦·贝克将之称为"自动的思维"，因为它们是无意识的，是在人们没有经过思考的情况下产生的。从数千个证明其理论有效性的临床试验中，亚伦·贝克发现，那些犯了思维错误的人没有意识到一个特定的想法不能准确地反映一个特定的情境。现代认知疗法在很大程度上与纠正思维认知错误有关，这种方法被证明是非常有效的。表7列出了有焦虑倾向的儿童（以及成人）常见的错误认知。

表7　常见的错误认知

错误认知的类型	相对应的行为
灾难化（小题大做）	假设最坏的情况会发生
负面预期	预期未来的负面或恐惧的情境
过度假设	过度预计负面结果出现的可能性
非黑即白思维	思考极端化——预测事情都是好的或都是坏的
读心术	以为知道他人的想法

错误认知是非常有害的，因为不论是儿童还是成人，回应的都是自己关于情境的想法和信念，而非对情境本身做出反应。换句话说，当他们处于焦虑状态时，他们想象的情境其实和实际的情境并不相符。而且，他们相信自己的错误认知，尤其是当他们处于诱发情境中被触发焦虑的那一刻。作为父母，你的孩子的恐惧和焦虑在你看起来可能是非常不理性的，甚至是极端的。此外，错误认知往往是无意识的，在你识别出它并把它排除之前，很有可能根本无法察觉到它的存在。孩子无法意识到他的某一个想法可能是不正确的，甚至有可能会戏剧性地夸大预期的负面结果。然后，他会经历这样的生理感受：心跳加速、胃部痉挛、手心出汗或感到恐惧。

当孩子的思维出现了认知上的错误或者偏差时，父母往往会第一时间意识到问题的存在。父母对此的反应常常是试图使孩子相信自己为之产生焦虑的假想是不切合实际的。在前面的内容中，我们已经讨论了为什么反复安抚孩子会适得其反。其实，有一些认知策略能够有效地纠正孩子的错误认知，这一章所要介绍的就是其中一个策略：智慧对话。

智慧对话

智慧对话是父母用来帮助孩子纠正导致焦虑的错误认知的工具。孩子可以在日常生活中使用智慧对话来减少对逃避和安全行为的依赖。长时间使用智慧对话之后，孩子对改变后的思维模式会逐渐习惯，这种新模式会逐渐成为潜意识。此外，尽管在暴露过程中不应该使用智慧对话，但有证据表明，使用智慧对话可以帮助孩子巩固通过暴露学习到的新知识。我们最终的目标是重新训练大脑，而人类学会对事物产生恐惧比学会消除恐惧快得多，所以，重新训练大脑需要大量的练习。

在第4章使用"向下的箭头"技巧时，你可能已经观察到孩子在诱发情境中的许多错误认知，可能已经做了很多工作来识别认知错误。接下来，你和孩子要做的是探索这些错误认知产生的原因是什么，并学习如何用智慧对话来纠正这些错误。

教孩子使用智慧对话

智慧对话总共分为4个步骤。首先，帮助孩子识别错误认知；其次，帮助孩子就支持或反驳错误认知的证据进行评估；再次，帮助孩子找到一种更现实的、有理有据的观点（智慧对话）；最后，引导孩子使用正确的认知，使用智慧对话。接下来我将详细地解释每一个步骤如何操作。

第1步：识别错误认知

选择一个安静的时间，和孩子坐下来，这样跟孩子聊聊："从我们开始治疗到现在，你在克服焦虑的过程中做得非常好。现在我还有一个工具想教给你，它很有效。当你处于诱发情境时，也可以用这种工具来帮助自己缓解情绪。我们已经了解在诱发情境中你的一些想法了，现在我们更深入地探索一下，你觉得怎么样？"这时，你可以给孩子举一个明确的例子，来说明你和孩子具体要做些什么。

假设孩子对狗有一种非理性的恐惧。你用"向下的箭头"方法分析了这种恐惧，你们可以确定最终令孩子恐惧的后果是看到狗后会被狗攻击、咬伤。那么，现在你的任务就是弄清楚当孩子看到狗时，他的大脑中出现的什么样的错误认知是导致他产生焦虑的原因。

你可以用漫画的方式来给孩子描绘出智慧对话。通常情况下，不论哪个年龄段的孩子，如果他们很难想象出自己的思考过程，通过想象将自己说的话放在脑海中的对话框里，孩子会更容易理解。我喜欢用一个有思维气泡的图，这样孩子就可以在气泡里写下他的智慧对话短语，这有助于他们养成使用这个短语的习惯，同时也给治疗过程增加了一点乐趣。在附录F中你可以找到一个空白的思维气泡。

当父母和孩子专注于在诱发情境下孩子出现的特定想法时，可以考虑孩子是否也有表7中列出的常见的错误认知。

- 你的孩子是否会预设最坏的情况出现（灾难化）？
- 你的孩子是否在身处一个情境时执着于将来可能出现的可怕情况，而不是关注当下的真实情况（负面预期）？
- 你的孩子是否每次在遇到某种情境时都会假定将有一些可怕的事情发生（过度假设）？
- 你的孩子是否总是出现极端的想法，而不会考虑到在现实生活中出现的介于黑白之间的灰色地带或细微的差别（非黑即白思维）？

- 你的孩子是否会想象他人对他持有负面看法（读心术）？

记录下在特定的诱发情境中你和孩子识别出的错误认知。再强调一次，这么做并不是要找孩子的缺点，我们所做的事情是对孩子的想法建立好奇心和探索欲，而不是去完成一个纠正他想法的任务。保持积极的态度，赞扬孩子提出的任何想法和建议，即使你可能对其中一些想法并不认同，也不妨给予孩子表扬。与准确识别孩子的一个错误认知相比，为他提供一个用其他方式看待诱发情境的机会更为重要。

许多孩子现在应该已经能够感觉到他们为之产生焦虑的想法是不切合实际的，但是他们在焦虑来袭时会不由自主地像以往那样用错误的方式去思考。尤其是对年龄稍大、自我意识更强的孩子而言，错误的认知可能是很难以捉摸又难以克服的（图6）。

那只狗会咬我！

图6 错误的认知

第2步：评估证据

评估证据的有效方法是询问孩子关于想法的问题，这样孩子就会考虑其他可能出现的后果。认知行为治疗师将这个过程称为"引导发现"（Padesky 1993）。引导发现类似于经典的"苏格拉底之问"。苏格拉底之问是指老师向学生提出一系列问题，以此激发学生的批判性思维，帮助他们自己得出结论。不过，苏格拉底式的提问给人的感觉可能有点像审问，而这里提到的引导发现是一种开放、协作式的讨论。温柔地引导孩子去思考：使他产生恐惧的假设和想象是否还存在其他的可能性？

引导发现的具体步骤是：①向孩子提出一个问题；②倾听孩子的反馈；③整理孩子告诉你的信息；④提出问题，促使孩子换一种思考方式来看待眼下的情境。

下面列举出的问题可以用来鼓励孩子换一种方式思考。

• 焦虑虫的想法是不是总和现实生活中发生的一致？

• 焦虑虫告诉你的事情，是总会发生，还是有时会发生，还是很少发生？（使用百分比可以帮助孩子将现实情况客观化。）

• 当你处于情境中的时候，10次里有多少次焦虑虫所说的是正确的？（尽可能详细地说明，可以举例示范。）

• 你怎么知道焦虑虫的想法就是正确的？

• 有没有可能其他的事情也会发生呢？

• 焦虑虫有没有错的时候？

• 你能想起来任何一件你认为要发生，事实上却没有发生的事情吗？

在接下来的一段对话中，爸爸引导9岁的亨利去评估他怕被狗咬的证据。

父母：亨利，我们能聊聊吗？如果你在足球场上或者公园里遇到一只
　　　没有拴绳的狗，你认为会发生什么事？

亨利：您不是早就知道了吗，我会被狗咬伤！

父母：我知道了，你认为如果你看见一只没有拴绳的狗，它就会咬伤你。

亨利：我就是这个意思。

父母：真不好意思，我像个复读机一样一直问你同样的问题。我知道你不喜欢谈论这些事情，所以，我很谢谢你能对我这么有耐心。

亨利：没关系的，爸爸。您还想知道什么吗？

父母：我想知道焦虑虫告诉你的事情是不是都是正确的？

亨利：您指什么？

父母：这样，举个例子，我很好奇你有没有遇到过没有拴绳的狗，但是后来并没有咬你的情况？

亨利：当然遇到过。但我还是害怕突然有一天，某一只没有拴住的狗会咬伤我。

父母：我懂你的意思。虽然你从来没有被一只没有拴绳的狗咬伤过，但你很确信以后的某个时刻不拴绳的狗会咬你。

亨利：是的。

父母：黄先生家的狗狗杜克，它有时候会跑出自家的院子，你在玩的时候它可能就会在你周围四处乱逛。周日的时候它又跑出来了，你还记得吗？

亨利：当然了，我当时特别害怕。

父母：发生什么了吗？

亨利：我当时特别特别害怕，整个人都僵住没法动，直到杜克走开。

父母：杜克咬你了吗？

亨利：没有，但是它可能咬我。

父母：他并没有咬你，但是它可能会咬你。我觉得"它可能咬你"也是对的。但是它那天没有咬你，你觉得是什么原因？

亨利：我不知道，也许它那天没有心情咬我吧。

父母：也就是说在周日的时候杜克没有兴致要咬你。当它走到你面前的时候它是怎么表现的？

亨利：它在摇尾巴，嘴里还叼着一个网球。

父母：它有一个网球。你觉得它为什么要叼着一个网球走到你面前？

亨利：它也许想让我扔那个网球。黄先生给它扔网球的时候它高兴得像疯了一样。

父母：我知道，杜克特别喜欢抛球接球的游戏。它玩接球时的热情是不是让你感到很困扰？

亨利：反正我不喜欢，它玩游戏的时候太激动了！

父母：如果它很激动的话，它会做什么？

亨利：跳到我身上。

父母：跳到你身上，但是并没有咬你，对吗？

亨利：即使我没有和它玩抛球接球的游戏，它也有可能会变得特别激动并且咬我。

父母：我猜也许会那样吧。但是你遇到杜克的时候，10次里有几次它试图咬你？

亨利：从来没有。

父母：你觉得它有可能根本不咬人吗？

亨利：我猜可能吧，但是谁知道呢，它还是可能会咬我吧。

父母：所以，你不想冒这个风险。

亨利：是的。

父母：有时候我们的想法会让我们相信不可能发生的事情会真实发生。我认为你关于狗的想法就是这样。你是怎么认为的呢？

亨利：也许有一点吧，没错。

在这个"引导发现"的例子中，我们可以看到在表7中提到的一些常见错误认知。亨利出现了以下的错误认知：灾难化（预测可怕的后果——狗会咬他）；过度假设（认为自己每一次遇到狗都会被咬）；负面预期（预测在未来狗会咬他）；考虑问题非黑即白（不会考虑所有的可能后果，如狗可能是友好的，可能是想和他玩，或者可能只是想扑到他身上而已）。最终，亨利逐渐承认了自己的认知存在错误。

第3步：开始智慧对话

这一步就是做出一个合理的回应——智慧对话。智慧对话应该是以一种直接、简单的方式来纠正孩子的错误认知。例如，孩子过度假设了某件事情发生的可能性，一个合理的反应应该是："这件事的确有可能发生，但可能性非常非常小。"同样地，如果孩子陷入一种非黑即白的思维当中，认为只有极端的后果会出现时，你这样说可以纠正他的错误认知："事情可能会像你想的那样，但还有很多其他的后果也是可能会出现的。"

尽量让智慧对话简短精练一些，因为孩子必须时刻记住这些话，并且时不时地用到。也请注意不要让智慧对话变成简单的安抚或者鼓舞士气的话，因为这些话都不会有任何效果。对一些孩子而言，尤其是年龄较小的孩子，将他之前给焦虑起的绰号使用在智慧对话中会很有帮助，这样做不仅可以帮助他纠正自己的错误认知，同时也有助于他警示自己正处于焦虑的诱发情境中。这将帮助孩子在面对焦虑时仍然保持理性。

下面是一些常见的智慧对话的例子，父母和孩子可以选取其中有帮助的内容，根据你们的需求来进行调整。

- 我的朋友没有跟我打招呼，并不意味着他不喜欢我。
- 我没有水晶球，我并不能预知未来。
- 这件事有可能会发生，但是还有很多其他的事情也有可能会发生。
- 焦虑虫，你也并非真的知道接下来将会发生什么。
- 这么想是在小题大做！很多其他的事情也有可能会发生。
- 没有人可以读懂别人的内心。
- 有可能，但可能性微乎其微。

你可以将构思和使用智慧对话比作在你的电脑上编辑句子，删除想要改变的内容，然后输入新的内容。同样，孩子也是在学习如何将错误认知用智慧对话替换掉。如果孩子在遇见狗的时候总是预设会出现最坏的结果（被狗咬），他可以使用智慧对话将原有的想法替换掉，将"这只狗要咬我！"替换成"狗虽然会咬人，但是它咬我的可能性微乎其微"。

以下的例子将向你展示亨利和爸爸是如何一起构思智慧对话的。

父母：亨利，你还记得吗，我们讨论过关于你担心没拴绳的狗可能会咬你的事情，我问了你一些关于杜克，还有其他你担心会被咬但实际上并没有的情境？

亨利：是的。

父母：你从咱们之前的讨论中学习到了什么？

亨利：我担心的事情比应该担心的多太多了。

父母：我们来看看焦虑虫告诉你什么吧。当你看见杜克就在你身边转悠的时候，焦虑虫都说了些什么？

亨利：杜克要咬我。

父母：好，那么杜克咬你了吗？

亨利：没有。

父母：所以，到目前为止焦虑虫说的话是对的吗？

亨利：到目前为止是不对的。

父母：所以，这就是一个错误的认知，是它导致你的恐惧温度计数值上升，让你想赶紧从杜克身边逃走。

亨利：我明白您所说的。

父母：如果我们能想出一些可以纠正你的焦虑虫的智慧对话，当你看见杜克的时候可能就不会感到那么害怕了。智慧对话也能帮助你遏制采取逃避和安全行为的冲动，你之前也了解了，那些逃避和安全行为只会助长你的恐惧和焦虑。

亨利：嗯，那我们要怎么做呢?

父母：我们应该有一个更符合实际情况的想法。现在我给你读一读其
　　　他孩子已经用过的智慧对话的列表，你觉得可以吗?

亨利：当然可以。

父母：我开始读了。（爸爸开始读智慧对话的句子列表）你怎么想?

亨利：有两个我可以用到："这么想是在小题大做! 很多其他的事情也
　　　有可能会发生。""有可能，但是可能性微乎其微。"

父母：非常棒! 我们一起来选选，看看哪个最简短的智慧对话能最好
　　　地改变你的焦虑虫。你现在想象一下杜克此时正在向你跑来的
　　　情境。记录你的恐惧温度计数值。接下来把每一个智慧对话讲
　　　给自己，再重复几遍，看看你最喜欢哪一个。

亨利：好的。

父母：假如现在杜克正在向你跑来，你的恐惧温度计数值是多少?

亨利：大约是3。

父母：好的。现在试试第一个智慧对话，我已经把它写到指示卡片上
　　　了。如果你记不太清内容，可以看着卡片来读。"这么想是在
　　　小题大做! 很多其他的事情也有可能会发生。"

亨利：这好像是有点用。

父母：那太好了! 现在我们来试试其他的选择，之后在你看见没有拴
　　　绳的狗时就可以自己选择用哪一个智慧对话。

第4步: 练习智慧对话

在你和孩子已经选择出最合适的智慧对话之后，将它写下来，这样你、
孩子以及其他重要的监护人就有一个可以随时参考的记录（图7）。通常，孩
子的每一种焦虑都可以对应一个智慧对话。孩子需要完全遵照记录下来的内
容去记忆并且使用，这一点很重要，因为当孩子身处焦虑的情境中时，他往
往会改变智慧对话的某些内容而使得效果大打折扣。

图7 使用智慧对话纠正错误认知

让孩子有效练习智慧对话的一个方法是让他想象自己正处于焦虑诱发情境中，让他的恐惧温度计数值上升，然后使用智慧对话打断他的错误认知。一遍遍反复练习，练习10~15次，直至他可以完全掌控自己的焦虑。这个过程也同样会让孩子处于暴露中，对他而言，暴露是可以帮助他战胜恐惧的最重要的技巧。我将会在第8章详细介绍暴露的方法。

另一个让孩子习惯智慧对话的方法是通过做游戏来练习智慧对话。父母和孩子可以轮流扮演焦虑虫和智慧对话（可以将孩子的绰号当作焦虑虫的名字）。先询问一下孩子在第一轮游戏中他最想扮演哪个角色。其实谁先开始并不重要，因为你们会轮流扮演角色。扮演焦虑虫的角色要先开始对话。焦虑虫的角色可以说出孩子的错误认知，就像在同他对话一样。在这个角色当中，需要想象一下焦虑虫可能会告诉孩子的所有可怕的事情。而扮演智慧对话角色的人，只需要用智慧对话的固定句子来回应就可以了。对于害怕狗的亨利来说，这一游戏可以像下面这样展开。

焦虑虫：亨利，今天要去公园了，你应该非常担心。那儿有很多狗，
　　　　其中一只可能会咬你。

智慧对话：有可能，但可能性微乎其微。

这个合作游戏是将孩子置于有力量的位置，让他参与原本令他恐惧的情境中。在游戏过程中，父母要尽可能勇敢、有创造力且富有幽默感。你和孩子都应该全力以赴去模拟焦虑虫的方方面面。你了解你的孩子，也了解焦虑虫作用在他身上的很多种方式。在开始这个游戏的时候，记得用上之前储备的知识。

记住，游戏过程中包含了会诱发孩子焦虑的中等程度的暴露，因此，孩子在这个过程中会经历恐惧温度计数值的上升，这是十分正常的情况，这也是一个很好的现象。如果你发现孩子表现出紧张，通过询问他恐惧温度计数值是多少来掌握程度，然后继续游戏（不断地重复），直至他看起来舒服一些。孩子在令他焦虑的情境中暴露得越多（即使是在间接行为中），他会越快地克服自己的焦虑。千万不要回避诱发他焦虑的事情。找到一个方式去处理焦虑并不断地接近它，即便只有一小步也是一个突破。

下面有一些方法可以在这个游戏中帮助孩子。

• 询问孩子的恐惧温度计数值是多少，并记录它上升或下降的变化轨迹。
• 多次重复这个游戏，因为每一次游戏中的暴露都会帮助孩子学习到一些新东西。
• 问孩子："通过练习智慧对话，你学到了什么？"
• 提醒孩子在游戏过程中一定不要做任何逃避和安全行为（第5章中已介绍过），因为这些行为会干扰抑制行为的学习。
• 给孩子一些奖励，鼓励他参与游戏。

温馨提示和故障排除：使用智慧对话时的一些警示

还有一些额外的参考指南可以确保孩子使用智慧对话的有效性。

智慧对话和暴露

智慧对话可以用在原计划的暴露之前或之后，但是不能在暴露过程中使用，因为它有可能会妨碍孩子的抑制学习。

智慧对话和强迫症

在使用智慧对话之前，清晰地识别出孩子存在的问题是至关重要的，这一点在第4章中已进行过详细的介绍。12岁的海莉和卡米拉，在班级里的生活都存在困难，她们表现出的症状相似。然而，在进行问题识别之后，可以清楚地看到两个女孩的恐惧结构完全不同。海莉的问题是社交焦虑，而卡米拉展现出的则是完美主义倾向，这种倾向属于强迫症和广泛性焦虑的一个常见分支。

在解决强迫症问题的时候不应该使用智慧对话。因为有强迫症的孩子经常会把智慧对话变成一种仪式行为，这会使治疗适得其反。因此，对于有强迫症的孩子，如卡米拉，就不应该用和焦虑虫或者细菌虫对话的方式进行治疗。我在本书第10章中会介绍专门适用于强迫症治疗的工具和技巧。

如果孩子不喜欢智慧对话

父母也不要期望使用智慧对话就可以帮孩子完全战胜焦虑，智慧对话只是众多工具中的一种。智慧对话可以使一些孩子有效地缓解焦虑，但是对有的孩子也许并不会如此有效。同样地，一些孩子可能会很喜欢使用智慧对话，但是有的孩子可能一点都不喜欢。即使你的孩子不是很喜欢智慧对话这种方法，但是在构思智慧对话的过程中，他也能从中受益。因此，我建议父母都尝试一下这个方法，无论你的孩子最终有没有使用智慧对话，都应该经历一下这个过程。不过，如果孩子在好几次尝试之后仍旧发现这个方法毫无用处，就不要强迫他继续。

对智慧对话的期望

在使用智慧对话时，父母应保持一个切合实际的期望，这一点很重要。不要期待孩子在你介绍了这个工具之后就立马开始做出理性的反应。当下一次孩子看见令他害怕的狗时，你千万不能说："你应该记得，我们之前已经说过了，你觉得每只狗都可能会咬你，这么想完全不合理。"此时应该做的是运用你前面所学习到的工具来处理这件事。首先问孩子："是焦虑虫出现了吗？你现在的恐惧温度计数值是多少？我们可以使用你的智慧对话吗？"我们的目的是让孩子使用你们之前经过商量共同找出的智慧对话短句。孩子会从父母温柔的提醒和鼓励中获益，这点对年幼的孩子而言更是如此。

总结
你从本章中学到了什么

★ 焦虑的孩子会有大量且频繁出现的错误认知，而他自己完全意识不到。

★ 制造错误认知会使焦虑症状产生和加剧，因为陷入焦虑的时候，孩子会对自己的错误认知坚信不疑。

★ 孩子经常会出现的错误认知包括：灾难化、负面预期、过度假设、非黑即白思维、读心术。

★ 父母常常能轻易感知到孩子存在的错误认知，但是他们对此做出的一些典型反应往往会在无意中加剧孩子的焦虑。

★ 智慧对话给孩子和父母在如何回应和纠正错误认知方面提供了一个建设性的方法。

★ 在引导发现的过程中使用智慧对话，识别错误认知，评估证据，然后进行智慧对话，并且反复练习。

★ 即使孩子最后没有使用智慧对话这种工具，但是参与构思智慧对话的过程对孩子也是十分有益的。

Anxiety Relief for Kids

8

制订暴露计划

如果你已经按照之前章节介绍的步骤一步步进行了练习，那么现在你可以开始使用对克服孩子的焦虑最为有效的方法：暴露疗法。正如第1章提到的那样，暴露疗法是指让孩子循序渐进地接触诱发焦虑的情境的同时，使他克制自己不得采取逃避和安全行为。你可以把暴露看作一场实验。这么做的目的是让孩子了解他在诱发情境中害怕出现的可怕后果其实并不会出现，或者即使出现了，也是可以忍受的。

在这一章中，我将会介绍可供使用的不同类型的暴露。之后，父母可以给孩子设计一个暴露实验，和孩子一起建立一个暴露阶梯，然后按照阶梯逐步执行。这个阶段的治疗是建立在前面所有章节介绍的治疗基础之上的。

暴露的种类

暴露分为3种：实体暴露、想象暴露和躯体感觉暴露（或者是内感受性暴露）。根据你发现的对孩子的焦虑最有效、最适用的方法，可以使用这3种中的一种或多种。

实体暴露

实体暴露是指在真实生活情境中所做的暴露。在进行实体暴露时，选择一个与孩子的恐惧结构相符的情境是十分重要的。比如，通过"向下的箭头"技巧，我们发现孩子特别害怕被狗嗅闻，或者更糟糕的情况——被狗舔，那么暴露就要包括被狗嗅闻和舔（可以找一只孩子熟悉的狗来做这件事），而不仅仅是靠近这只狗。

实体暴露可以使用包括照片、视频和其他具有代表性元素的内容。视频网站和搜索引擎都是很好的资源库。你可以找出能够诱发孩子恐惧和焦虑的视频或照片，不过需要注意的是，在给孩子使用之前，请父母先预览一下，确保所有的视频和照片都适合孩子的年龄。

想象暴露

想象暴露要求孩子想象自己正身处某种特定的诱发情境中。想象暴露在以下情况会非常有用：①焦虑情境在真实生活中很少或几乎不会出现；②恐惧的事物本身只是一个想法或者想象；③孩子完全逃避诱发情境，如果让他使用实体暴露，会导致其恐惧温度计数值太高。

当孩子身处诱发情境时，他的所有感觉都会投入其中，想象暴露对这样的孩子是最有效的。你可以鼓励孩子在一个假设的情境中想象他可能会看见、听见、闻到、尝到以及感觉到的事物。你可能需要通过问他一些问题来引导他进行一个完全现实化的想象暴露。

• 当你在乘坐公交车的时候，你听见什么声音了吗？（如果你的孩子害怕乘坐校车的时候呕吐。）

• 你站的位置离那个男孩有多远呢？他在看着你吗？（如果你的孩子害怕自己有攻击他人的想法。）

• 那个房子看起来是什么样子的？你能听见时钟嘀嘀嗒嗒的声音吗？（如果你的孩子特别害怕独自走进某个房间。）

有些孩子可能可以很自然地接受想象暴露，而有一些孩子要在脑海中呈现一个情境是非常困难的。如果你的孩子可以完全进入他的想象情境中，那么他在进行想象暴露时有可能达到较高的恐惧等级。这种情况下，想象暴露的疗效是很好的，可以在孩子的恢复过程中起到非常重要的作用。然而，如果想象暴露的过程很短或无法诱发孩子出现焦虑反应，那么这种方法可能对孩子并不奏效。为了保证暴露的有效性，需要让孩子在想象一个诱发情境时恐惧温度计数值至少达到1或2。

需要注意的是，有时候孩子对想象暴露可能会感到困惑，以为自己需要估计实体暴露时恐惧温度计的数值。如果孩子出现这种情况，你可以直接向孩子解释清楚："我知道如果让你真的去摸一条蛇的话，你的恐惧温度计数值可能会达到10。但如果你仅仅是想象自己摸到一条蛇，你的恐惧温度计数值会是多少呢？"如果你感觉孩子仍然不能区分这两者的差别，想象暴露对你的孩子来说可能就不是最好的方法。

焦虑的躯体感觉暴露

通常情况下，焦虑的出现会伴随强烈而急剧的生理感觉。大多数孩子会对这种身体反应感到害怕。这些强烈的感觉包括：心跳加速、头晕、恶心、颤抖、呼吸急促、过度换气、脸潮红、出汗、出冷汗、胸痛、胸闷、眩晕和刺痛感等。事实上，这些身体不适的感觉本身以及害怕产生这些感觉的恐惧正是恐慌症的核心。有这种恐慌症的孩子对于生理上出现的强烈感觉时刻处于警戒状态，一旦身体出现这些感觉，就会立刻感到恐惧。

为了使孩子暴露在这些身体感觉下，我们会使用内感受性暴露。这种方法其实并不像听起来那样复杂，它只是关于内在身体感觉的一种暴露的说法而已。刻意的过度呼吸或者原地跑步都是你可以使用的有效方式，它们在很大程度上能引起孩子所害怕的那些身体感觉。关于如何与孩子开展内感受性暴露，具体内容将在下一章详细介绍。

如何给孩子解释暴露疗法

在开始进行暴露疗法的时候，可以向孩子解释采用暴露疗法的目的是为了在他的大脑中增添许多绿色糖果。如此一来，当他在面临诱发情境时，他的大脑将提取代表不焦虑的绿色糖果而不是代表恐惧的红色糖果。有一种解释暴露疗法的方式是将其比作开展一项实验，这样孩子听起来就不会感觉像"进行暴露疗法"那么可怕。当我们说在进行一项实验的时候，不仅能够激发孩子的好奇心，同时也可以给孩子树立一种客观的态度。告诉孩子他将要进行一项实验，会减轻他对于之后要投入去做的令自己恐惧的事情而产生的焦虑。

进行暴露

要为孩子设计暴露治疗，你将使用到在之前各阶段已经收集到的信息：父母及孩子的监测表、孩子的诱发情境列表、"向下的箭头"技巧分析表、在诱发情境中父母和孩子会做的逃避和安全行为表。让我们来看看每一步是如何进行的。

第1步：创建一个诱发情境列表

父母最开始需要做的就是创建一个包含诱发孩子焦虑的所有情境的列表。这一步很简单，因为在之前的步骤中你已经获得了所需要的信息。回顾你之前的监测数据，同时制作一个涵盖所有诱发孩子焦虑的情境列表。做好列表后，和孩子核实一下表上的诱发情境与其相对应的恐惧温度计数值是否准确反映了孩子当时的真实情况。因为你和孩子已经进行了一段时间的焦虑治疗，孩子的恐惧等级也许会发生变化，你也有可能会发现之前遗漏的一些诱发情境。把所有新观察到的诱发情境添加进去，并且将所有的情境按恐惧等级进行排序，恐惧等级最高的情境排在表格的最上方，等级最低的情境排在最下方。

接下来将展示11岁的瓦实提创建的诱发情境列表。瓦实提有社交焦虑，她的列表对诱发情境按照恐惧温度计数值由高到低进行了排序。

- 在一个我并不十分熟的朋友家过夜。（8）
- 和我不太了解的同学聊天。（8）
- 向别人索要我需要的东西或寻求帮助。（7）
- 邀请一个我并不十分熟的朋友来家里过夜。（6）
- 参加一个我不是很熟的女生的生日聚会。（5）
- 遇到别的孩子，和对方有目光接触，并打招呼说"嗨"。（4）
- 没有好朋友在身边的情况下，课间一个人在校园里走。（4）

• 在戴安娜家过夜。(3)

第2步：选择一个诱发情境并识别子情境

虽然最近的研究支持以随机顺序进行暴露，而不是按照恐惧等级从最低等级开始进行暴露，但是激励孩子去做一个较为困难的暴露可能还是极富挑战性的。由于我们想要的结果是孩子成功克服焦虑，因此，我建议还是按照列表顺序从恐惧等级最低的情境开始进行暴露。当然，如果你的孩子有动力从更高等级的暴露开始（就像我们在第5章中所讨论的那样），那当然是非常好的。但是，根据我的经验，大多数孩子还是更愿意从恐惧等级较低的暴露开始，逐步挑战更高等级的情境暴露。

通常来说，最好将一个诱发情境分解成几个子情境。如果孩子发现一个任务并没有那么困难且自己能够掌控它，那么他会更有自信去继续完成。自信会催生动力，使孩子更容易获得成功。识别子情境也可以帮助孩子意识到一种情境中本身包含诸多细节。之后你可以运用这些知识设计你的暴露实验，以便暴露更精准地针对孩子的恐惧结构，这样，在之后一步步进行更高等级的暴露时，整个过程可以更加快速和持久。

有时候恐惧等级最低的情境出现的概率并不高。解决这个问题的最好办法就是选择一个比它等级高一些、出现频率也高一些的情境。你可以把这个较高等级的情境分解成几个子情境，然后选择恐惧等级最低的子情境开始让孩子进行最初的暴露。

下文中瓦实提和妈妈的对话将展示出如何将一个诱发情境进行分解，以及如何在暴露过程中使用之前已经收集到的逃避和安全行为的相关信息。

父母：我们来一起看看选择哪一种情境作为你第一个暴露实验的情境。我希望你能够从简单的情境开始，它在你的恐惧等级中应该是处于比较低的等级。

瓦实提：在戴安娜家过夜的恐惧温度计数值是3。我觉得这个应该会容易一些。

父母：嗯，确实。不过我们也需要选择一个更常发生的事件，毕竟你一个月只有一次会在戴安娜家过夜。

瓦实提：（浏览表格）但是这份表上恐惧温度计数值是4的情境都太难了！比如，让我和陌生的孩子打招呼，我一点儿都不想做这件事。

父母：好，妈妈理解。也许我们可以选择一件类似于去别的小朋友家过夜，但是在你日常生活中更常发生的事。

瓦实提：好吧，我可以去戴安娜家玩，这件事的恐惧温度计数值也是3。

父母：这主意很棒啊，瓦实提！不过我们要想一想，这个情境并不在我们的表格中。你在这个情境中会有逃避或安全行为吗？

瓦实提：会。

父母：你可以多跟我说说吗？你在那里的时候，是什么让你感到不舒服呢？

瓦实提：首先，我可能会看见她的哥哥。

父母：你的意思是说艾利克斯可能会在家，你就不得不和他打招呼？

瓦实提：嗯，其实在那之前，敲门的时候，我的恐惧温度计数值就会上升。

父母：为什么敲门会让你的恐惧温度计数值上升呢？

瓦实提：因为我不知道谁会来开门，有可能是艾利克斯，那就会让我很紧张——就像我们之前说过的那样。

父母：你指的是做"向下的箭头"表那次说的吗？你是担心自己会感到紧张，大脑就会一片空白，艾利克斯就会认为你很傻，还会和其他孩子们议论你？

瓦实提：是。所以，大多数时候，我都会在门口发信息告诉戴安娜我到了，这样我就不用敲门了。

父母：嗯，我们就这样进行。你刚刚又识别了一个新的安全行为，你发现了吗?

瓦实提:我之前还从来没想过,这确实也是一个安全行为。我们需要将它添加到列表中吗?

父母:是的。那么,如果你没有做出提前给戴安娜发信息这个安全行为,而是直接敲门,你的恐惧温度计数值会是多少呢?

瓦实提:我觉得是4。

父母:好的,我们来头脑风暴一下,看看能想出多少其他的子情境。现在假设你直接敲了门,接下来会发生什么呢?

瓦实提:通常我会和戴安娜一起进她的房间。

父母:好的,很棒。在她的房间里,你的恐惧温度计数值是多少呢?

瓦实提:我不会感到恐惧。但是那之后我们会去厨房吃点心,如果没有其他人在厨房的话,我的恐惧温度计数值会是2。

父母:那如果有人在厨房会怎么样呢?

瓦实提:如果艾利克斯在厨房做作业,他会说很多话。而且,有的时候他身边还会有朋友在,那样我的恐惧温度计数值会更高。

父母:如果艾利克斯的朋友在的话,你的恐惧温度计数值会是多少?

瓦实提:可能会是7,尤其是我根本不认识他的朋友的时候。

父母:这个发现太棒了!这个信息可以帮到我们。艾利克斯和他的朋友都会说些什么呢?

瓦实提:就是一些很普通的事情。你知道的,类似足球俱乐部里怎么样之类的话题。

父母:听起来就只是一些闲聊。

瓦实提:大概是吧。

父母:如果你和艾利克斯闲聊的话,你的恐惧温度计数值会是多少呢?

瓦实提:可能会是5。

父母:在这些简单对话的情境中,你可能会尝试哪些逃避和安全行为呢?

瓦实提：如果我听到有人在厨房，我会告诉戴安娜我不想吃点心。

父母：你觉得这是一种什么样的安全行为呢？

瓦实提：我猜这是在找借口。

父母：你说得非常对！如果你去厨房吃零食的时候，发现戴安娜的家
　　　人或者艾利克斯的朋友也在，这时你还特别想采取什么其他的
　　　安全行为吗？

瓦实提：有时候我会避免跟他们有目光接触，这样他们就不会想要和我
　　　说话了。或者我可能会看一些东西，比如看看杂志，这样他们
　　　就会认为我正在忙。

父母：非常棒。我在你的"在诱发情境中我所做的逃避和安全行为表"
　　　里看到了这些。如果你在厨房里遇见了艾利克斯或者他的朋友，
　　　但是不做这些安全行为的话，你的恐惧温度计数值会是多少呢？

瓦实提：那对我来说太难了。我的恐惧温度计数值大概是7。

父母：好。接下来还会发生什么呢？

　　瓦实提和妈妈将继续这个对话，直到她们认为成功识别了瓦实提害怕去
戴安娜家的子情境：比如，在屋子里走的时候碰见艾利克斯并和他打招呼，
要在艾利克斯面前和戴安娜说话，以及和艾利克斯道别。接下来，瓦实提和
妈妈按照恐惧等级顺序将这些子情境排序并制作成一个列表。从列表中可以
发现，在这些子情境中，尤其是不得不和艾利克斯一起做什么事情时，瓦实
提的恐惧温度计数值会比单纯去戴安娜家的更高，后者的恐惧温度计数值仅
仅为3。

- 和艾利克斯的朋友一起在厨房里。（7）
- 和艾利克斯闲聊。（5）
- 和艾利克斯道别。（4）
- 在艾利克斯面前和戴安娜说话。（4）

• 没有事先给戴安娜发信息而直接敲门。(4)
• 在给戴安娜发信息之后敲门。(3)
• 在屋子里遇见艾利克斯并和他打招呼。(3)
• 当艾利克斯不在厨房的时候和戴安娜一起吃点心。(2)

第3步：建立一个暴露阶梯

现在你已经帮孩子识别出了可以用于暴露的情境和子情境，已经做好了建立暴露阶梯的准备了。之所以用暴露阶梯这个比喻，是因为这样孩子更容易理解。由于很难让孩子直接在最令他恐惧的情境中进行暴露，所以，建立阶梯可以让孩子一次应对一个能够掌控的台阶。在每一个暴露阶梯中，最好有4~5个台阶，当然这也不是一成不变的。有一些情境可能需要比其他情境更多的台阶，根据诱发情境的复杂程度以及它们对于孩子的难易程度不同存在差别。不过，台阶的数量还是要尽可能充足，以确保不会出现其中某一台阶对孩子来说太困难。我建议你每次和孩子坐下来一起制订暴露计划的时候，都至少识别一个孩子可以快速开始进行的子情境。

我们来看看瓦实提和妈妈一起设计的针对到戴安娜家拜访的暴露阶梯，她们的讨论对话如下。

父母：瓦实提，我们从恐惧等级最低的子情境开始。

瓦实提：让我看看（她开始浏览子情境列表和"在诱发情境中我所做的逃避和安全行为表"）。和戴安娜一起去厨房的恐惧温度计数值为2~4。我的第一反应只是单纯的逃避。通常我会尽可能地待在戴安娜的房间里，这样我就不必和艾利克斯打招呼，也不会遇见他的朋友。

父母：非常好。你只想待在戴安娜的房间里，假装自己很忙，这样艾利克斯或者他的朋友就不会和你说话。我们一次把这些完成吧。如果你不能一直在戴安娜的房间里待着，你认为会发生什么？

瓦实提：您的意思是什么？我完全不能待在戴安娜的房间里吗？

父母：不完全是这个意思。你说你经常只想待在她的房间里，因为在厨房里你会感到恐惧。我们现在是在设计一个可以帮助你战胜焦虑虫的实验，这样你在拜访戴安娜的时候会感到更舒适一些。

瓦实提：好的，我记住了。

父母：我们制订一个计划，你按照计划步骤一点点地进行这个实验，这样你就不会感到那么困难。

瓦实提：好的。

父母：你将要冲锋陷阵了，瓦实提。你可以先看着艾利克斯的眼睛和他打招呼，这个怎么样？我记得列表里你说这个恐惧温度计数值大概是2~3，对吗？这个可以作为你的暴露阶梯的第一个台阶。你觉得怎么样？

瓦实提：我能做到。

父母：我明白这可能会是一个挑战，你愿意尝试，妈妈很为你骄傲！

通过进行类似上面这样的对话，父母和孩子可以选择一个最开始进行暴露的诱发情境，并且选择孩子有信心可以做到的作为暴露阶梯的第一个台阶。

第4步：角色扮演

角色扮演是一个有效的开展暴露的方法。在现实的治疗中，我在要求孩子进行暴露之前，即使我觉得治疗不会很困难，也会先在我的办公室里跟孩子进行角色扮演练习。如果一个暴露中需要与孩子年龄相仿或稍大的其他孩子进行互动，就像在瓦实提的案例中戴安娜的哥哥那样，我会扮演其中的另一个孩子。我会着重强调那个孩子的特质，这样角色扮演的游戏就会尽可能接近真实。你可能会惊讶地发现这样做其实非常有趣！在整个治疗过程中增加一点幽默感也会对治疗起到一定作用。鼓励孩子和你一起在开展制定好的暴露实验之前进行角色扮演，会增加孩子恢复的概率。下面还是以瓦实提为例，看看她的妈妈是如何向瓦实提介绍这个方法的。

> 父母：为什么我们不先练习几次呢？我们先去门口。我知道这看起来可能有一点幼稚，但是我们尽可能模仿真实的情境来演练一下。你站在门外，按门铃，然后我会假装自己是艾利克斯。记住，即便我们是在进行角色扮演，你也不能有任何的逃避或安全行为，这一点至关重要。
>
> 瓦实提：（转了转眼睛）真的吗，妈妈？
>
> 父母：是的，瓦实提，这对你很有帮助。

尽可能让你们的角色扮演练习真实一些。例如，瓦实提的妈妈会尽可能地模仿艾利克斯的行为举止，这样做可以使孩子模拟出在第一次暴露中将会做出的反应。在角色扮演练习过程中，孩子极有可能会产生焦虑反应。如果孩子有这样的反应是非常好的，因为这给孩子进行真正的暴露提供了更多可行性，并且也预示着你们的治疗正处于正确的轨道上。当孩子出现焦虑反应时，询问他当下的恐惧温度计数值是多少，接着不断重复角色扮演练习，直到他对这个过程逐渐感到适应。至于到底需要练习多少次，并没有一定的规定。我们的目标就是让孩子觉得自己已经为真实情境中的暴露做好了心理准备。

第5步：开始暴露实验

接下来，你和孩子应该很快就会觉得自己已经为第一次真实情境下的暴露实验做好了准备。我建议你为每一次暴露都选择一个特定的日子以及特定的时间段，这将大大提升孩子完成这项任务的可能性。如果你仅仅是建议孩子在他认为可以的时候尝试进行，他很可能会拖延、耽搁或者逃避。为整个暴露计划设定一个负责的基调，同时用奖品作为孩子参与其中的及时反馈。

在开始进行实验之前，让孩子填写以下的"暴露实验前表"。你将在附录

G中找到一张空白样表。表中最后一个问题尤为重要：如果不采取逃避和安全行为，孩子进行这个暴露实验的信心等级是多少（高、中、低）？如果孩子回答没有很高的信心值去完成这个暴露实验，即使该诱发情境的恐惧温度计数值不是很高，也要考虑把暴露的情境变得简单一些。如果孩子在评定自己的信心水平时左右为难，试着让他去想象正在进行这个暴露实验。下面的表格是瓦实提填写的"暴露实验前表"。

瓦实提的"暴露实验前表"

我计划去做： 敲戴安娜家的门。

我最担心会发生的事情： 艾利克斯来开门。我会很紧张，并且说不出话来。艾利克斯会嘲笑我，然后在学校里告诉其他人我有多么蠢。

如果事情发生了我如何得知？ 如果我说不出话来，我就会知道。我会听见艾利克斯嘲笑我。我当时可能不知道他是否会和其他的孩子谈论我，但是我担心他可能会那样做，最后所有的孩子都会忽视我或者不想再和我做朋友。

我有多大把握我的预测是正确的（0~100%）？ 50%。

我的恐惧温度计数值是多少？ 4。

我可能想采取什么逃避或安全行为？ 提前给戴安娜发信息。

如果不采取逃避或安全行为的话，我自己有多少信心可以完成这个暴露实验？高、中或低？ 高。

在这次暴露实验之后，祝贺孩子，称赞他、拥抱他，把之前你许诺孩子的奖品送给他。接下来让孩子填写一份"暴露实验后表"，这张表会帮助孩子回顾，通过这次暴露，他从中学习到了什么。你将在附录H中找到一张空白样表。以下是瓦实提的反馈。

瓦实提的"暴露实验后表"

我最担心的事情发生了吗？ 没有。

发生了什么？我是否感到意外？ 当我走到戴安娜门口的时候，我真的很紧张。我等了一会儿，然后强迫自己去敲门。是艾利克斯开的门，他说道："嗨，瓦实提！"然后戴安娜就跑过来了。我非常确定自己也和艾利克斯说了"嗨"。然后艾利克斯就回到他的电脑前，之后他也没有再多说些什么。我非常意外艾利克斯竟然没有发现我很紧张，也许他正忙着写他的历史作业。

我的恐惧温度计数值是多少？ 在我敲门之前是5，但是艾利克斯开门之后就变成了2，然后戴安娜就跑过来了。

我从中学到了什么？ 我认为可能会发生的事情完全没有发生。我一度非常焦虑，但其实也没什么大不了的。

父母当然希望自己的孩子进行暴露实验时也能和瓦实提一样顺利。但是如果事情进展得没有那么顺利呢？比如，孩子的恐惧温度计数值可能会上升到超出预期，或者他所担心的事情真的发生了。但即便暴露的过程充满挑战，孩子仍然可以从中明白自己是可以承受焦虑的感觉的，并受益于此。所以，不要把任何一次实验看作是失败的。父母的关注点应该放在实验过程中孩子学到了什么，并且把实验计划坚持下去！

第6步：攀登更多暴露台阶

父母的目标是提供更多的机会让孩子进行暴露练习。大量、频繁且多样化的暴露是让孩子学会简单并快速地减少焦虑的必要经历。在一次实验完成之后，回顾你的列表，然后开始设计下一个更高阶梯的暴露实验。

在暴露中涵盖孩子最恐惧的情境是十分重要的。随着他成功完成了低等级的暴露实验，他会变得不那么恐惧，同时他原本最恐惧的情境的等级也会随之下降。如此一来，孩子将会学到一个关键法则：他完成的暴露实验越多，事情将变得越简单。孩子也许永远都无须进行一个恐惧温度计数值为10的暴露，因为每当他完成暴露阶梯上的一个台阶时，接下来的一阶也会变得更加容易。通过这种方式，他的大脑已经学会了不再害怕某个情境。

温馨提示和故障排除：关于暴露

在你设计和进行暴露实验的过程中，你和孩子都可能会遇到一些麻烦和障碍。为了帮助你们解决这些问题，我将在下文中给出一些小建议和小贴士。

父母要确保风险在安全范围内，并知道孩子可以承受的极限

我从不会要求任何一个孩子做任何可能使他置身于危险境地的事。但让孩子去做一件大多数孩子不反感的事情，即使冒一些遇到尴尬的风险，也是合理的。因此，让孩子去面包店问店员卖不卖甜甜圈可能会让孩子感到尴尬，但这并非不合理或不安全。这对害怕提问，或者一提问就特别不淡定的孩子而言甚至是一个很好的暴露实验。与之相反，如果要求孩子去店里预订100个甜甜圈，并让店家送到他的小屋，就显得不太合适，而且还可能会引起别的问题。同样地，如果你的孩子恐高，合理的暴露实验应该是让他站在高楼观景台上向远处眺望。但如果让孩子站在露天平台的栏杆边缘就是不合理的，因为这样他可能真的会掉下去。

如果令孩子恐惧的事情中也包含了令你感到害怕的内容（如他担心自己有攻击倾向），最好的方法就是寻求专业的认知行为治疗师的帮助。我将在第11章里详细讨论这部分内容。

可能出现的可怕后果不会立刻出现

许多孩子恐惧的后果是不会立刻出现的。比如，马尔科害怕自己呕吐，他的班上有一个孩子得了流感（流感的潜伏期一般为1~7天），马尔科知道他需要几天时间才能确定自己是否被传染了流感。马尔科和他的父母想要获得

关于马尔科在这一段等待时期中会发生什么的预测。父母可以采用"向下的箭头"技巧来搞清楚马尔科害怕在这些天中发生什么——他是忧心忡忡于自己不能参与课堂小测验、不能做作业，还是晚上无法正常入睡？

我的孩子已经完成了暴露实验，但仍然十分焦虑

在完成既定的暴露实验之后，你的孩子仍有可能焦虑，因为他会做出一些安全行为、仪式行为及逃避行为。有焦虑障碍的人的大脑非常善于找到新的逃避路径。和孩子坐下来一起解决这个问题，问问孩子进行暴露实验的时候他在想些什么。例如，他当时可能正在反复自我安抚，安慰自己"我会没问题的"（安全行为）；或者有轻微的逃避思维，比如"再过5分钟就可以结束了"（逃避行为）。建立一个奖励机制去鼓励孩子消除这些行为。在进行暴露实验的前后，都检测一下他对逃避和安全行为的依赖程度。如果孩子预计到有这样的检测，他就会对自己的行为更有责任感。焦虑有的时候很狡猾，你必须比它更精明才可以。

孩子可能会在暴露实验之后（而不是在这一过程中）做出一些安全行为，这同样会阻碍他学会如何消除焦虑。如果你怀疑孩子有这种情况，那么就问问他。告诉孩子这些行为会阻碍他战胜自己的焦虑，建立一个奖励机制去鼓励他放弃这些行为。

所有的暴露实验看起来对孩子都太有挑战性

如果孩子告诉你，你所提出的大多数情境，他的恐惧温度计数值都是10，千万不要就此放弃，这很可能是孩子采取的一种逃避行为。孩子恐惧的可能是仅仅想到这个情境就会让他的大脑产生焦虑。告诉他许多有焦虑问题的人都可能会有这样的恐惧，但实际上，他担心的情况并不会出现。向孩子解释这种恐惧只不过是焦虑虫出现的另一个信号。

有时孩子最初评定的暴露情境的恐惧温度计数值要高于他实际的恐惧温度计数值，也高于当他熟悉了暴露实验之后评定的恐惧温度计数值。无论孩

子这样做是有意的还是无意的，都可能是孩子为了逃避诱发情境所采取的策略。如果孩子曾经在之前的某段时间逃避了某一个特定情境，那么下一次他的首选模式仍旧会是逃避。如果他对于计划中所有的暴露情境的恐惧温度计数值的评估都高于5，那么你就需要把这些情境再分解成更小的子情境，使每一步变得更易于开展。

还有一种选择是先给孩子进行想象暴露，当他感觉轻松一些之后再转换成其他类型的暴露。不要担心实验太简单。当他发现自己预期的可怕后果实际上并没有出现时，他会开始信任这个过程，并且在之后进行暴露实验的时候更有信心。

正如之前我所提到的，不需要过分担心暴露的挑战性。即使一个暴露实验进行得并不理想，通过直面恐惧而不是逃避它，孩子都可以懂得其实自己可以应对好这个情境。除了担忧自己会感到焦虑之外，许多存在焦虑问题的孩子通常对于痛苦的承受能力都较低。他们常常对于身体是否舒适、触觉是否舒适、噪声是否耐受、恶心、食物偏好、不想要的情绪状态等都非常敏感。因此，让孩子暴露于类似这些痛苦的感受中，本身也有一定的治疗作用。

孩子不配合

如果你的孩子拒绝配合进行暴露实验或者对于你所制订的暴露计划乱发脾气，可能是因为他的焦虑程度真的非常严重。这时，专业的指导就显得十分必要了。也有一种解释是他此刻正在采取逃避行为，大哭大叫、抱怨以及尖酸刻薄的评论都是孩子为了逃避他们不想做或者害怕做的事情时采用的策略。如果这些行为可以帮助他们避免进行暴露实验，那么他们将会有更多的类似行为。

你要明白，惩罚绝无法激励孩子，但是奖励可以。如果你的孩子不愿意配合，试着用奖励鼓励他不再做出恼人的逃避行为。然后，识别他不配合的时候会做出的行为（如发牢骚、摔门或大声骂人）。如果你发现了他的某种行为模式，可以和他谈一谈。下面是可以参考的例子。

父母：约翰，我发现无论什么时候我提醒你去做暴露实验，你看起来都十分焦躁。最近，你还摔门和扔东西，有一次你甚至说恨我。

约翰：是，我不喜欢做那些实验。

父母：我明白它们对你来说很困难。我有个办法也许能帮到你，我们一起看看你不想做的时候会有哪些行为。

父母保持一个冷静、务实的态度，不要表现出不满和愤怒。

约翰：好。

父母：我们把这些行为列在一张表里吧。

约翰：好吧。我昨天摔门了。

父母：很好。那扔东西了吗？

约翰：是，我也扔了东西。我还说了我恨您，这应该也算一种吧。

父母可以在一张表上记下这些行为作为参考。

父母：到目前为止，这张表上已经有了摔门、扔东西以及人身攻击。你还能想出其他的吗？

约翰：我一个人大声尖叫算吗？

父母：非常好。现在我们的表上已经有了摔门、扔东西、人身攻击以及尖叫。在我们做暴露实验的前2分钟里，如果你克制自己不去做出这些行为，按照难度等级1~10划分的话，你觉得等级是多少呢？

约翰：如果只是在前2分钟的话，我觉得非常简单，是0。

父母：那如果在前5分钟都忍耐呢？这样的话难度等级会是多少？

约翰：大约是4。

父母：如果我们建立一个奖励机制，并且我会事先提醒你的话，你愿意在实验开始前2分钟克制自己不做出这些行为吗?

约翰:奖励是什么?

父母:允许你在周六的时候玩5分钟电视游戏,怎么样?

约翰:如果我在前5分钟都不做出这些行为,我能不能多玩一会儿呢?

父母:当然可以。

约翰:能累计时间吗?

父母:当然可以。

无论你的孩子是否存在焦虑问题,这个策略对于解决孩子的行为问题都是有效的。

暴露实验太无聊了

我发现想象暴露尤其容易让孩子感到厌倦。一些孩子善于利用想象,使想象变得真实,但是另一些孩子并不擅长。如果你的孩子无法在一个想象暴露的实验中评估自己的恐惧温度计数值,或者根本不能将想象的情境假想得真实一些,那么就换一种暴露的类型。孩子也可以尝试着大声说出想象的暴露情境,好让自己的感觉更真实一些。

不过,抱怨无聊也可能是孩子采用的一种逃避策略。如果父母怀疑孩子正在逃避暴露实验,坐下来以一种中立且实事求是的态度和他谈论一下,看事实是否真的如此。如果事实如此,也请不要恼怒或沮丧。和孩子一起齐心协力去拆分出更易于实施的步骤,例如把情境分解成子情境,或者反思一下你自己是否也采取了逃避和安全行为。

孩子对暴露实验感到无聊,也可能是他在这个过程中已经明白了可怕的后果并不会出现。换句话说,他已经在过程中学会了战胜自己的恐惧。这也正是父母一直努力的目标。因此,也要问问他对于诱发情境的恐惧是否在真实生活中已经消除了。如果答案是肯定的,那么他已经可以继续攀登暴露阶梯上的更高台阶了。

总结
你从本章中学到了什么

★ 暴露的类型包括实体暴露、想象暴露和躯体感觉暴露。

★ 孩子可以将暴露疗法理解成一个实验，通过这个实验可以彻底检验他在诱发情境中预计会发生的事情是否真的会发生。

★ 大量、频繁且多样的暴露实验会使孩子获得必要的快捷简单消除焦虑的经历。

★ 制订一个暴露计划时需要遵循的步骤包括：创建一个诱发情境列表，选择一个诱发情境并识别子情境，建立一个暴露阶梯，角色扮演，开始暴露实验，以及攀登更多的暴露台阶。

★ 在进行暴露实验过程中永远不要将孩子置于危险的情境中。

★ 如果孩子已经完成了暴露实验但仍然感到焦虑，可能是因为在暴露过程中或暴露实验之后他采用了逃避和安全行为。

★ 如果孩子觉得一个暴露实验对他来说过于困难，选择从一个简单点的情境开始实验。

★ 如果孩子说暴露实验很无聊，他可能是在逃避，也可能他已经战胜了自己的恐惧。

Anxiety Relief for Kids

9

找到有效的暴露

　　和孩子一起制订的某个特定暴露计划需要和他的恐惧结构相对应。在这一章中，你将会看到不同恐惧和焦虑类型对应的暴露疗法的具体案例：分离焦虑、社交焦虑、害怕动物或昆虫、环境恐惧、进食焦虑、健康焦虑、抽血和注射焦虑、惊恐发作和躯体感觉焦虑。一些案例可能正好适用于你的孩子，有一些则并不完全匹配，你需要应用在之前的章节中所学到的相关知识来进行推断。

　　首先回顾之前描述的恐惧类型，识别哪些类型和孩子的恐惧相匹配。如果不止一种类型适用，那就选择最契合的那一种。然后找一个安静的时间和孩子坐下来，问问他，每一个诱发情境的恐惧温度计数值是多少。如果他给出的数值较高，就意味着你的判断是对的。如果他说在某一个情境中他想使用逃避和安全行为，那么也说明你的判断是正确的。在这种情况下，问问孩子，如果他在这个情境中没有使用逃避和安全行为，他认为会发生什么（就像你在"向下的箭头"技巧中所做的那样）。

　　记住将诱发情境分解成几个子情境。让孩子积极参与针对这些情境所做的暴露实验的设计过程，让他帮忙出主意，毕竟他最了解哪一个情境对自己来说是最具有焦虑诱发性的。孩子往往很喜欢贡献自己的"专业"知识并以这种方式参与其中。孩子参与得越多，他在暴露实验过程中的自主性就会越高。利用他告诉你的信息去理解他的恐惧的复杂内容，然后设计最有效的实验。

　　孩子对所做的暴露实验应该会有所反应，你可能会惊讶于他的反应。有些你期待会十分有效的暴露实验反而可能根本没能成功引起孩子的反应，连恐惧温度计数值都无法测出。而你本来认为没有什么作用的暴露反而有可能会使孩子产生较高的恐惧等级，并且因此获得不错的治疗价值。基于这些原因，在设计孩子个人治疗计划的最初阶段，我提供了许多关于暴露的思路。在向孩子询问你认为可能会引起他焦虑的问题时不要犹豫。记住，即使孩子只是谈论他恐惧的事物，他的恐惧温度计数值也会有一定程度的上升。这是一件好事！孩子的这种反应表明你目前的做法是在正确的轨道上，并且他已经从暴露中取得了一定的治疗效果。

分离焦虑

分离焦虑是普遍存在的，尤其对年幼的孩子而言。孩子会担心和父母分离后失去父母在身边时的舒适感，也会担心父母或者深爱的人遭遇不测和伤害，导致他们再也回不来。极度的恋家也是分离焦虑的一种形式。

下面列举的暴露对于帮助孩子缓解分离焦虑可能是有效的。

• 孩子和父母分开，独自待在一个房间中5分钟或者更久。期间他不知道父母是否还在屋子里。

• 孩子在后院待一会儿，期间不知道父母在家中的什么位置。

• 在孩子不知道父母要去哪里的情况下，允许父母离开家5分钟或者更久。

• 在孩子不知道父母要去哪里的情况下，允许父母离开家1小时（期间孩子和其他照看者待在一起）。

• 在孩子不知道父母要去哪里的情况下，允许父母离开家超过1小时（期间孩子和其他照看者待在一起）。

• 在孩子不知道父母要去哪里的情况下，允许父母离开家一整夜（期间孩子和其他照看者待在一起）。

• 在孩子不知道父母去哪里的情况下，允许父母周末离开家（期间孩子和其他照看者待在一起）。

6岁的露辛达从学前阶段开始就有和父母分离的焦虑，尤其是和妈妈分离的时候。上幼儿园的时候，她比其他孩子哭得更加歇斯底里。每一年开学的时候，她都要经历同样的痛苦，并且这种状态会在开学之后持续一个月的时间。每到周日，露辛达都会为即将到来的周一的分离而焦虑。妈妈无法把她留给保姆照看，哪怕一会儿也不行。在家的时候，露辛达和妈妈形影不离：她需要和妈妈待在同一个房间，如果不在同一个房间里，她就会大声呼叫妈妈以确保自己知道妈妈在什么地方。

露辛达和她的父母把她的第一次暴露实验设计为让她单独在一个房间里待5分钟，并且这段时间内她完全不知道妈妈在什么地方。接下来你将会看到露辛达和父母在开始进行实验之前是如何填写暴露表格的。

露辛达的"暴露实验前表"

我计划去做： 我将进入这个小房间里并且独自待5分钟，而我的父母会待在家中的其他地方。我不知道他们在哪儿，他们会保持安静，不让我发现他们的位置。

我最担心会发生的事情： 他们不会再回来了；我再也看不到他们了。

如果事情发生了我如何得知？ 他们刚刚走了，然后我等啊等啊，等了很久，他们不会再回来了。

我有多大把握我的预测是正确的（0~100%）？ 如果就5分钟的话，他们应该也不会消失。也许只有20%？

我的恐惧温度计数值是多少？ 5。

我可能想采取什么逃避或安全行为？ 我想要大声呼叫我的父母，让他们告诉我他们在哪里。我想要跑出去找他们。

如果不采取逃避或安全行为的话，我自己有多少信心可以完成这个暴露实验？高、中或低？ 我可以做到的，毕竟只有5分钟。高。

社交焦虑

有社交焦虑的孩子非常害怕别人的负面评价，或者在自己成为众人关注的焦点时感到非常不适。下面列举的这些暴露对有社交焦虑的孩子可能是有效的。

- 和能引发自己高恐惧等级的人进行目光接触。
- 看着能引发自己高恐惧等级的人的眼睛并和他打招呼。
- 在学校里和一个不太熟的同学有目光接触。

- 在学校里和一个不太熟的同学有目光接触，同时和他打招呼。

- 向商店售货员询问一个简单的问题。

- 向商店售货员询问一个具体的问题。

- 在商店里没有找到某种商品时，向商店售货员提出你的特殊要求，例如说："你们这里有布朗尼吗？"

- 打电话并询问一个简单的问题。[根据你所在的地区编辑一份列有20个或更多商家的通讯录（如比萨店、干洗店、宠物店），让孩子给每个商家打电话问一个问题。]

- 给一个亲戚打电话，问一个问题。

- 给一个朋友打电话，邀请他或她参加一次活动或一起外出游玩。

- 在餐厅自己点菜。

- 在餐厅里提出特殊的要求。

- 问一个愚蠢的问题，比如在一个甜甜圈店里问："你们卖甜甜圈吗？"（对于害怕尴尬引起的焦虑很有用。）

- 向陌生人问路（当然，需要在父母的看护下）。

- 和父母乘出租车并告诉司机目的地。

- 在不知道来电者是谁的情况下在家里接电话。

- 在课堂上举手问一个问题。

- 在公共场合做一些引人注目的事情，成为关注的焦点（比如唱歌、翻跟头、放声大笑、穿闪闪发光的衣服、把书扔到地上）。

- 到商店去退货（对于害怕麻烦他人引起的焦虑很有效）。

- 当走到结账台的时候假装自己忘记带钱（对于害怕麻烦他人引起的焦虑很有效）。

- 在做一些事情的时候特别慢（对于害怕麻烦他人引起的焦虑很有效）。

- 说话故意有一点吞吞吐吐或含糊不清。

- 在两个词之间停顿很长时间。

- 故意颤抖或摇晃。

12岁的胡安为人友善，很受欢迎。他足球踢得很不错，考试成绩也是全A。但是，当他成为众人关注的焦点时，他会感到非常焦虑。比如，当他在班级被老师叫到名字的时候，当他的足球教练在队伍前给他单独做指导的时候，或者当他上课迟到的时候，等等。在逃避上述情境的时候，他会表现出非凡的创造力。他会和老师们在教室外谈话，这样上课的时候老师点他的名的概率就会小一些（一个安全行为）。即使他的戏剧老师和朋友们都觉得他很适合担任话剧里的主要角色，但他总是找借口拒绝。当一个像胡安这样的孩子没有表现出明显的社交焦虑的症状（如害羞或者不适）时，父母们往往感到困惑，因为他们觉得没有理由认为孩子在参与社交活动的时候有困难。不过，上述这些暴露仍然是有用的。胡安可以在课堂上进行举手发言的暴露实验，也可以进行其他在社交情境中作为关注焦点的暴露实验。

胡安决定首先进行的暴露实验是将书扔在地上，胡安将这一行为的恐惧温度计数值评为6，因为这么做会使他体验到成为关注焦点的焦虑。在下面的表中你可以看到胡安是如何填写他的"暴露实验前表"的。

胡安的"暴露实验前表"

我计划去做： 在课间将我的一堆书扔在走廊上。

我最担心会发生的事情： 每个人都会停下来看着我。他们全都会盯着我。我会因为很紧张而脸红。同学们都会嘲笑我。

如果事情发生了我如何得知？ 我能看到他们盯着我，并且听到他们的笑声。

我有多大把握我的预测是正确的（0~100%）？ 60%。

我的恐惧温度计数值是多少？ 6。

我可能想采取什么逃避和安全行为？ 尽可能快速地捡起所有书。

如果不采取逃避和安全行为的话，我自己有多少信心可以完成这个暴露实验？高、中或低？ 高。

害怕动物或者昆虫

害怕动物或昆虫的现象在生活中很常见。下面列举出的这些暴露可能对这种焦虑有一定的治疗效果。

- 在书上或者网上看一张自己害怕的动物或昆虫的照片。
- 在视频网站上观看自己害怕的生物的视频（尤其是和孩子恐惧的情境相似的视频，如视频中没有拴绳的狗或者猫正在舔某个人）。
- 参观动物收容所或动物中心，并从围栏外观察活的动物。
- 在一定距离内观察没有被关在笼子里的动物。
- 和拴绳或被控制住的动物保持一定距离。
- 和没有拴绳、可以自由活动的动物保持一定距离。
- 触碰拴绳或被控制住的熟悉的动物。
- 触碰没有拴绳、可以自由活动的动物。
- 抚摸一只拴绳或被控制住的动物。
- 抚摸一只没有拴绳、可以自由活动的动物。
- 参观一个所有狗都没有拴绳的公园。
- 允许一只狗舔你。
- 喂狗吃东西。
- 在花鸟鱼虫市场购买瓢虫进行观赏。
- 买一些瓢虫并允许它们在你身体上爬（如在胳膊、头发上爬）。
- 想象一只狗正在追着你跑。
- 想象正在抚摸一只狗。
- 想象一只狗正在舔你。

通过"向下的箭头"技巧的分析结果，亨利和他的父母明确了他害怕的是没有拴绳的狗会咬他。亨利可以进行的第一个暴露实验是：在现场有一只没拴绳的狗的情况下，亨利在他姐姐的足球赛场边站5分钟。另一个可以进行的暴露实验是：当杜克（一只经常出现在亨利身边的邻居家的狗，常常想要和亨利玩扔球接球的游戏）向他走来的时候，亨利安静地站在原地待5分钟。亨利选择去他姐姐的足球赛场，因为这对他而言要比和杜克进行暴露实验更简单些。他把一只没拴绳的狗出现时他正站在赛场边的恐惧温度计数值评为4。下面你可以看到亨利是如何填写他的"暴露实验前表"的。

亨利的"暴露实验前表"

我计划去做： 在姐姐梅丽莎的足球赛场边，当一只没拴绳的狗靠近我的时候保持原地不动。

我最担心会发生的事情： 狗会奔向我、咬我，或者跳到我身上。

如果事情发生了我如何得知？ 这很明显，因为我将会被狗咬，大家也会看到一只狗跳到我身上。

我有多大把握我的预测是正确的（0~100%）？ 20%。

我的恐惧温度计数值是多少？ 4。

我可能想采取什么逃避或安全行为？ 离狗远远的。站在妈妈或者爸爸旁边。小心没有拴绳的狗。

如果不采取逃避或安全行为的话，我自己有多少信心可以完成这个暴露实验？高、中或低？ 高。

环境恐惧

环境恐惧包括害怕高处、拥挤的人群、电梯、飞机、自然灾害（如火灾、暴风雨）、刮风、打雷、巨大的声音、不舒适的衣服，以及其他类似的担忧。下面列举的这些暴露可以有效缓解环境恐惧。

- 观看大火、暴风雨、台风或者其他自然灾害的照片。
- 阅读关于大火、暴风雨或者其他自然灾害的新闻报道。
- 观看有关自然灾害的新闻节目，录制下来并重复观看。
- 观看关于自然灾害的新闻报道视频。
- 听打雷、刮风或飞机飞行的音频声音。
- 观看和自然灾害相关的、表现其造成巨大破坏的电影。
- 在一幢高楼里乘坐电梯。
- 观看与飞机飞行相关的报道视频（不涉及事故）。
- 收拾行李，准备一次飞机旅程。
- 想象一下乘坐飞机，包括起飞和降落。
- 听一段飞行中的声音：机舱内的声音、飞行通告等。
- 去噪声大小和人群密度各不相同的拥挤场所。
- 看现场演唱会直播。
- 穿一件带有摩擦皮肤的标签的衣服，穿有缝的袜子，或者其他稍微令人感到有点不舒服的衣物。
- 想象一下你身边燃起一团大火。
- 想象一下龙卷风正在逐渐靠近你家。

贝丝是一个 11 岁的女孩，她害怕拥挤的人群和巨大的声音，她拒绝去电影院，拒绝参加运动会和演唱会。她的哥哥查德进入了高中足球队，希望她去观看他们的比赛。但是，贝丝害怕自己去了之后会在拥挤和吵闹的人群中晕倒；还有可能发生恐怖袭击事件，她担心自己会被困住，难以逃生。

贝丝可以选择观看一次足球训练而不是正式比赛作为自己的暴露实验。她也可以选择观看一场比赛视频并且想象自己身临现场。她可以进行的另一个暴露实验是想象自己正在经历一场恐怖袭击事件。贝丝决定观看一场她哥哥参加返校节比赛的视频。她把这一暴露实验的恐惧温度计数值评为 4。她之所以选择这个，是因为这对她来说要比实地观看一场足球比赛或者足球训练容易一些。下面是贝丝填写的"暴露实验前表"。

贝丝的"暴露实验前表"

我计划去做： 看一段哥哥参加返校节比赛的视频，调大音量，想象我在比赛现场，现场声音很大，我站在看台人群中。

我最担心会发生的事情： 我会感到非常紧张。下一次看比赛我会更害怕。

如果事情发生了我如何得知？ 我的恐惧温度计数值会变高。即便下一场没有那么多人，我也不会再去了。

我有多大把握我的预测是正确的（0~100%）？ 20%。

我的恐惧温度计数值是多少？ 4。

我可能想采取什么逃避或安全行为？ 我可能想调低音量，或者提醒自己我并不是真的在现场。下一次再也不会去看比赛。

如果不采取逃避或安全行为的话，我自己有多少信心可以完成这个暴露实验？高、中或低？ 高。

进食焦虑

有的孩子可能会对吃东西产生焦虑。这里提到的焦虑不包括进食障碍（如神经性厌食症、暴食症和贪食症），这些进食障碍都是由对身体形象的担忧和对肥胖的恐惧引起的。这里说的有进食焦虑的孩子可能害怕吃某些食物时被呛，怕吞药片，或者怕对某些食物产生不良反应（例如，感觉过饱或过饿、食物中毒、进食后感到焦虑或有过敏反应）。他们可能也会害怕尝试新的或不同的食物，或者害怕吃到某种质地、某种颜色和气味的食物。进食焦虑也可能是与健康或身体有关的强迫症的表现。

下面列举的这些暴露对有进食焦虑的孩子可以起到一定的帮助。

- 想象自己正在吃薯片、一大块肉或者坚硬的食物。
- 看兄弟姐妹或者朋友吃自己害怕的食物。
- 吃一小块自己害怕的食物。
- 吃一块中等大小的自己害怕的食物。
- 闻带有自己讨厌的气味的食物。
- 吃一些质感让自己有点不适的食物（比如湿软、黏腻的食物）。
- 吃一种颜色令人讨厌的食物。
- 吞下一块非常小的糖果（如果需要的话可以让父母帮你切一小块）。
- 吞下一粒空胶囊。
- 吃一种不熟悉的食物。
- 去一家陌生的餐厅吃饭。
- 在餐厅点一种陌生的食物。
- 一口吃下两三种食物。
- 喝不知道成分的奶昔。
- 吃一口里面的肉呈粉红色的汉堡或肉。
- 对于爱吃的食物，尝试一种新的品牌。

7岁的朗尼害怕吃药片和某些特定的食物，他认为自己有可能会因此窒息甚至死去。朗尼可以进行的一个暴露实验是在克制自己不采取任何安全行为（如放弃尝试或者放弃在不必要的情况下大量喝水）的前提下，吞一小块软糖甚至硬糖。朗尼和他的爸爸在空盘子里准备了好几块小糖果，并且按照大小排好了序。朗尼吞下最小块的糖果后，可以逐步尝试吞稍微大一点的糖果。

朗尼决定暴露实验从吞下一块非常小的糖果并抿一小口水开始。他把这个情境的恐惧温度计数值评定为5。下面是他填写的"暴露实验前表"。

朗尼的"暴露实验前表"

我计划去做： 在仅仅抿一口水的情况下吞下一块非常非常小的糖果。

我最担心会发生的事情： 我会感到喉咙被堵住，我可能会窒息甚至死去。

如果事情发生了我如何得知？ 我嗓子会噎住。我会无法呼吸。

我有多大把握我的预测是正确的（0~100%）？ 20%。

我的恐惧温度计数值是多少？ 5。

我可能采取什么逃避或安全行为？ 大量喝水，或者不往下吞咽。

如果不采取逃避或安全行为的话，我自己有多少信心可以完成这个暴露实验？

高、中或低？ 中等。如果不喝很多水，对我来说还是有困难的。

健康焦虑

普遍的健康焦虑包括担心自己患病，如癌症、肺结核、埃博拉出血热、麻疹或者脑膜炎。许多孩子还会害怕肿块、头痛或者怀疑皮肤上的疹子是癌症或者其他严重疾病的征兆。疑病症（这是一种对自身健康的频繁且过度的关注情况）属于这一类焦虑。有健康焦虑的孩子可能会做出的安全行为包括：上网搜索疾病症状、避免和有可能生病的人接触、向父母反复寻求确认、要求去看医生。当然，所有的身体症状都必须经过医生的检查并排除疾病可能，这样父母才能确定孩子担忧的疾病并不是真实存在的。

下面列举的这些暴露可以有效针对有健康焦虑的孩子。

- 写下一个令人害怕的词（如癌症或者死亡），并且反复看这个词。
- 反复大声地说害怕的疾病名称。
- 在网上或者医学杂志上阅读害怕的疾病的相关内容。
- 想象自己生病了。

- 去医院参观。

- 在视频网站上观看某人呕吐的视频。

- 听呕吐的声音（在网上可以找到很多资源）。

- 在卫生间假装呕吐，并且加上呕吐的声音和假的呕吐物。

- 制作并观察一些假的呕吐物（利用你的想象力做，如麦片、橙汁、酸奶、大块西红柿等）。

- 把假的呕吐物洒在地板上。

- 在发出呕吐声音的时候把假的呕吐物洒在地板上。

9岁的巴博罗担心自己得了好几种病，包括脑部肿瘤、肺结核、肝炎、头虱以及流感。他不断告诉父母他认为自己已经出现的症状，并向父母反复询问，以确认自己是健康的。他的这种焦虑已经严重到影响了他的睡眠和学业。

巴博罗可以进行的暴露实验包括写下一个他害怕自己会被传染的疾病相关的词语或短句。他也可以通过大声说出那个词语或短句进行实验。他决定自己的第一个暴露实验是在纸上写下和脑部肿瘤相关的一个短句。他把这个暴露的恐惧温度计数值评为3~4。下面是巴博罗填写的"暴露实验前表"。

巴博罗的"暴露实验前表"

我计划去做： 写下"我很快会得脑部肿瘤"。

我最担心会发生的事情： 我会更加焦虑。我无法再思考其他任何事情。我无法在课堂上专心听讲，我无法完成我的家庭作业。我会睡不好，也没法复习准备周五要进行的单词测验。

如果事情发生了我如何得知？ 我在单词测验上的成绩会很糟糕。在班上我会变得非常焦虑。我会非常累。

我有多大把握我的预测是正确的（0~100%）？ 30%。我很可能不会一直想这个问题，我会想着想着，不知不觉睡着。

我的恐惧温度计数值是多少？ 3~4。

我可能想采取什么逃避或安全行为？ 我会想去问妈妈她是不是也认为我会得脑部肿瘤，因为我在纸上写了。我会想在纸上写"我不会得脑部肿瘤"。

如果不采取逃避或安全行为的话，我自己有多少信心可以完成这个暴露实验？高、中或低？ 高。

抽血和注射焦虑

一些孩子非常害怕注射、抽血，以及其他的医疗手段。下面列举的这些暴露可以有效针对有这种焦虑的孩子。

- 在视频网站上观看包含抽血过程的视频。
- 观看流血的伤口的照片。
- 触摸带血的东西，比如一块生肉。
- 把假血涂抹到自己或他人身上。
- 让父母扎一下手指并向你展示伤口处的血。
- 让父母扎一下手指，然后摸一下父母伤口处的血。
- 观看包含注射过程的视频。
- 观察正在接受注射的人。
- 让父母拿着注射器、酒精棉签和止血带，假装给你进行注射（用纸剪出一个尖的形状或者其他尖尖的东西，模仿扎针的触感）。
- 轻轻刺自己的皮肤引起较为轻微的疼痛感。
- 观看医疗过程的照片。
- 观看医疗过程的视频。
- 参观实施医疗过程的医院办公室或房间（如检查台、手术器械）。
- 阅读关于各种医疗过程可能存在的风险和副作用的内容。

10岁的凯西对看医生有强烈的恐惧，尤其是当她觉得自己可能需要打针的时候。她怕疼，也怕看见自己的血，所以，她最近没有去打破伤风疫苗加强针。妈妈又为她预约了一次破伤风疫苗接种，这次还包括流感疫苗接种。凯西可以进行的暴露实验包括：观看抽血或注射的视频，或者陪一个朋友去接种疫苗。父母也可以给她准备一个注射器让她假装进行注射。

凯西决定先缓解自己对血的恐惧，再处理对注射的恐惧。凯西同意看10次抽血的视频。她把这一暴露的恐惧温度计数值评为4。下面是她填写的"暴露实验前表"。

凯西的"暴露实验前表"

我计划去做： 观看10次抽血的视频。

我最担心会发生的事情： 我会感到焦虑，甚至对即将要去打疫苗这件事变得更加害怕。

如果事情发生了我如何得知？ 我的恐惧温度计数值会升高。我会不断地想到打针这件事，导致我的成绩会降到B，而不是我想要的A。

我有多大把握我的预测是正确的（0~100%）？ 30%。

我的恐惧温度计数值是多少？ 4。

我可能想采取什么逃避或安全行为？ 我觉得我只能看视频。我可能想去和妈妈商量一下推迟医生的预约，或者看看我是否能躲掉打针。

如果不采取逃避或安全行为的话，我自己有多少信心可以完成这个暴露实验？高、中或低？ 高。

惊恐发作和躯体感觉恐惧

内感受性暴露是与躯体感觉相关的暴露，可以以多种形式实现。有意的过度换气是能激发起和焦虑有关的大多数躯体感觉的最好方法，是我在给我的患者进行治疗练习时经常使用的方法。

　　练习：过度换气。为了有意地过度换气来进行暴露实验，孩子需要在事先定好的一段时间内快速地吸气和呼气。通常来说，这种练习需要耗费大量体力，所以，在开始前可以在手边准备一杯水，以防喉咙干涩。一个计时器或者手机里的计时器也是必要的。在教孩子进行过度换气训练的时候你可以遵循以下步骤。

　　（1）给孩子演示一下如何快速地吸气和呼气。

　　（2）问问孩子是否愿意尝试这样呼吸5~10次，体会一下过度换气是什么感觉。[如果孩子拒绝快速呼吸5次，考虑让孩子进行跳跃运动（注：两腿分开、两臂侧向伸展的原地跳跃）或者其他建议的方式。]

　　（3）开始5~10次的呼吸。

　　（4）问问孩子面对这种感觉时恐惧温度计数值是多少。

　　（5）问问孩子这种过度换气引起的身体感觉和他在感到恐慌时的身体感觉的相似度有多高。可以让他在1~10之间选择一个数字进行评价，1代表这种刻意引起的感觉和恐慌时的感觉非常不同，10则代表两者是完全一样的。理想的情况是刻意引起的感觉和经历恐慌时的感觉非常相似。

　　（6）和孩子就进行练习的时间达成共识。我建议可以是20秒，但如果孩子只愿意训练更短时间，那么就按照他说的时间长度进行练习。

　　（7）让孩子填写"暴露实验前表"。

　　（8）进行20秒的过度换气实验。

　　（9）让孩子填写"暴露实验后表"。

当孩子对20秒的练习已经感到比较适应之后，你可以把时长增加到30秒，之后可以增加到1分钟。大多数孩子可以在生理上快速适应这种类型的暴露。最开始的几次尝试通常会导致较为强烈的头晕和其他感觉，但在重复几次之后，暴露的影响就会大大降低。如果出现这种情况，让孩子稍作休息。不过，即使孩子已经克服了这种恐慌，你也仍然可以偶尔让他做做练习。

如果你不愿意让孩子进行有意的过度换气，可以通过下面列举出的方式使孩子获得与他在恐惧情境中类似的内感受性暴露。

- 原地跑，直至大喘气、心跳加速。
- 坐在转椅上转圈，制造出头晕目眩的感觉。
- 用细吸管来呼吸，制造出缺氧的感觉。
- 快速跳跃运动。
- 尽可能快速地吞咽几次（针对喉咙发紧的恐惧）。
- 闭上嘴巴，用手捏住鼻子呼吸，人为地限制呼吸。
- 在高温下剧烈锻炼（当然，运动量要适当）。
- 使用空调、外套和围巾来制造出炎热的感觉。

10岁的蒂娜曾经在一场足球比赛中亲眼看到一个和她同岁的女孩哮喘病发作。从那时起，只要是和呼吸困难有关的情境，她都非常害怕。她拒绝参加足球训练，拒绝去上体育课，拒绝参与任何让她感觉会使自己呼吸不畅的活动。蒂娜其实并没有哮喘和呼吸困难方面的疾病史。让蒂娜做过度换气的暴露实验可以有效地帮助她发现自己其实是可以忍受一定程度的呼吸困难和恐慌的。

蒂娜决定先从20秒的过度换气开始进行暴露。她把这一情境下的恐惧温度计数值评为4。下面是蒂娜填写的"暴露实验前表"。

蒂娜的"暴露实验前表"

我计划去做：进行20秒过度换气练习。

我最担心会发生的事情：我会感到头晕目眩，可能会哮喘发作甚至昏过去。我会哮喘发作或昏倒。

如果事情发生了我如何得知？如果我头晕我能告诉你。如果我晕了话我会知道的。我可能开始喘息并且不能呼吸。

我有多大把握我的预测是正确的（0~100%）？我百分之百确信我会头晕。有20%的可能我会晕倒。有10%的可能我会哮喘发作。

我的恐惧温度计数值是多少？ 4。

我可能想采取什么逃避或安全行为？我可能会想躺下，直到我不再觉得头晕。

如果不采取逃避或安全行为的话，我自己有多少信心可以完成这个暴露实验？高、中或低？高。我觉得自己可以做到的，我有信心。

总结
你从本章中学到了什么

★ 暴露需要和孩子的恐惧结构相匹配。

★ 针对有分离焦虑的孩子的暴露有：让孩子在一间父母不在场的卧室里待5分钟，期间不知父母在家中的具体位置。

★ 针对有社交焦虑的孩子的暴露有：向陌生人提问题，和陌生人互动，以及在班级里发言。

★ 针对害怕动物或昆虫的孩子的暴露有：观看害怕的动物或昆虫的照片或视频，较近距离接触它们及触摸它们。

★ 针对有环境恐惧的孩子的暴露有：观看表现灾难的照片或视频，去较拥挤的场所。

★ 针对有进食焦虑的孩子的暴露有：闻或者品尝不熟悉或者不喜欢的食物。

★ 针对有健康焦虑的孩子的暴露有：写下并且大声说出一个害怕的疾病名称，制作假的呕吐物，以及参观医院。

★ 针对有抽血和注射焦虑的孩子的暴露有：旁观抽血、注射，或者其他医疗过程。

★ 过度换气可以在暴露实验中诱发和焦虑有关的身体感觉。

Anxiety Relief for Kids

10

治疗强迫症

强迫症是焦虑症的一种，但是强迫症的治疗与其他类型的焦虑症又有一些区别，所以，我将在这一章中单独介绍它。根据美国儿童与青少年精神病学会的统计，每200个儿童和青少年中就有1个患有强迫症。强迫症最初显现的时间可以在学前期至成年期之间的任何时间，但是大约1/3患有强迫症的成人第一次表现出强迫症状是在儿童时期。这些统计数字甚至还有可能低估了患有强迫症的人数，因为强迫症经常会被漏诊。

强迫症包括强迫观念和强迫行为。强迫观念会引发恐惧，强迫行为（仪式行为）则会被用来消除恐惧以及伴随的痛苦。强迫行为的目的和安全行为的目的类似。强迫症的范围比我们在这里能解决的问题的范围大得多，强迫症专家对不同年龄、性别、种族和社会经济地位的人的强迫观念和强迫行为进行了分类。许多学术书都特别阐释了儿童时期强迫症的相关信息。我写这本书的目的是让你了解关于强迫症的应用知识，帮助你识别孩子目前有的强迫观念和强迫行为，并且指导你帮助孩子解决这些问题。

强迫观念

强迫观念是一种不必要的、反复出现并稳定存在，可以引起痛苦和恐惧的想法、担忧、想象、冲动或者刺激。有强迫观念的人的大脑会过分高估令人不安的想法并且陷入其中。"过分高估"指的是患者坚信因为他有这样的想法，所以这一定是重要或者真实的。

当然，任何年龄的人，即便没有强迫症，也会在许多事情上体验到痛苦的想法、想象以及冲动。研究表明，这是一种非常正常的现象。这些想法可能是极端的、古怪的、暴力的，但是大多数人可以不去理会它们。当没有强迫症的人产生上述想法的时候，会只是简单地认为"这想法好怪"，他们明白自己不需要太过认真地对待这些想法。大多数人会像对待垃圾邮件一样对这些想法不予理会。但是，如果一个患有强迫症的孩子脑海里出现这样的想法，他会深陷其中，并且感到巨大的痛苦。这会导致他认为自己必须采取某一种行为（强迫行为）去缓减恐惧，让那些令他感到不安的想法消失，或者确保由强迫观念引发的可怕后果不会出现。

强迫症是一种焦虑症，但不是所有焦虑的孩子都会有强迫症。强迫症和其他类型的焦虑症的最主要区别在于患有强迫症的孩子会表现出仪式（心理上或者行为上），这些仪式会反复出现，并且他们会严格执行。例如，有广泛性焦虑症的孩子会过分担心那些与现实生活有关的事情发生（学习成绩、在运动会上的表现或者环境污染），但是他不会发展出仪式行为作为回应。而一个有着完美主义强迫观念的孩子则会表现出固定的仪式行为，比如，不同学科要用不同的特定颜色的笔做笔记，或者反复检查封面活页、检查作业里的错误，或者在网上寻找与环境污染的相关内容。

强迫观念有时会表现为对特定情境的过度内疚或者过度责任感。我这里说的"过度"是指比一般正常的孩子要更加典型。我们在有强迫症的孩子身上可以看到各种类型的强迫观念，有时这种强迫症可能仅仅是一种形式。比如，一个有强迫症的孩子可能会通过拒绝别人的一份礼物来减轻自己的强迫观念的困扰（他认为自己比别人得到的多，或者别人遭受的苦难要多过他）；而一个正常的、内疚感水平一般的孩子可能只会觉得自己很幸运，并愉快地接受礼物。同样地，一个有过度内疚感的孩子如果稍微损坏了一样东西，他可能就会非常焦虑；但是一个有着适度内疚感的孩子会感到抱歉，然后接受自己犯了一个错这个事实，之后继续正常生活。

强迫观念的种类实际上要比经过训练的非专业人士，甚至是许多心理健康专家所能识别出的要多得多。在我多年的实践中，最常见的强迫观念如表8所示，尽管这张表并没有全部列出患有强迫症的孩子可能会存在的所有强迫观念。

表8　常见的强迫观念

强迫观念	特质
污染	对细菌、污垢等通常被认为是恶心或肮脏的物品、化学物质、环境污染物（石棉、杀虫剂、铅）、变质食品、肥皂、动物尸体、垃圾、黏性物质、放射性物质、碎玻璃、身体排泄物和其他类型的抽象污染物（某些词、想法、名称、图像、颜色）感到担忧
侵入性的想象和想法	脑海中会出现关于死亡、谋杀和暴力的想象图景
过度顾虑	害怕自己做出欺骗、偷窃，或者任何自认为不道德的事
侵略性	害怕伤害他人或自己
完美主义	害怕不能彻底地回忆、理解或了解某件事，担心犯错或者遗漏、丢失什么事物
健康	害怕患上疾病，甚至有残疾
迷信或者相信怪力乱神	相信某些数字、颜色等会对事情产生重要的影响
整理分类	需要根据特定的空间样式或一定的整洁程度来整理东西
想法行为混淆	相信出现什么想法就会做出什么不受欢迎或被禁止的事情

强迫行为

　　强迫行为就是大众所说的"仪式行为"，这两个词是可以互换的。强迫行为是指患者用来抑制或消除强迫观念，防止可怕后果出现，减少自身痛苦而反复出现的行为或者想法。强迫行为有多种形式，它们都是被有意识地执行的。强迫症患者决定做出强迫行为，是因为强迫行为可以起到暂时缓解痛苦或者保证可怕后果不会随之出现的作用。长此以往，强迫行为成为强迫症患者在面临诱发情境时难以抗拒的行为习惯。你的孩子可能觉得他必须进行一种特别的仪式才可以安全度过某种情境，但就如同逃避和安全行为，进行某种仪式只能暂时缓解痛苦，事实上反而强化了强迫观念，并且阻碍患者去战胜它。请记住，强迫观念可能没有强迫行为表现得那么明显（表9）。识别一种强迫观念的好的方式就是观察患者做出的与之相对应的强迫行为。

强迫观念和强迫行为往往显得很奇特，对父母而言常常是难以理解的。比如，一些孩子会认为特定的数字有着特别的意义（不论是好是坏），他们因此会进行某种强迫行为，并在这种行为中包含特定数字，或者按照特定次数重复强迫行为。强迫行为也可以是患者以特殊规则来制定的。患有强迫症的孩子可能会害怕偏离自定的仪式行事，因为他们觉得需要不断重复某种仪式直到"做对"为止。强迫行为也可以是在心中完成的，要识别出孩子心里进行的仪式会更具挑战性。

表9　常见的强迫行为

强迫行为	具体表现
逃避	逃避可以诱发强迫观念的情境或刺激
分析	试图明确一个特定的想法、想象或冲动为什么会存在
清洗	洗手、洗澡、刷牙、用牙线剔牙、洗衣服
创造"干净"的房间	试图维护一个安全、干净的房间或区域；禁止自认为被污染的人或物品出现在该空间或区域内
清洁	打扫屋子或者清理私人物品；采取措施避免与污染物接触
扔东西	丢弃物品，消除污染
整理分类	按照特定的标准对事物进行校正、排序和整理
对称	把事物平均化，通常包括接触和整理
检查	检查锁、门、课本或家庭作业；检查某人是否遭到伤害；检查是否有什么可怕的事情发生过或即将会发生（从报纸、天气预报上）；在阅读、写作或做出选择时检查错误

续表

强迫行为	具体表现
触摸和轻敲	反复触摸，通常与对称焦虑和幻想强迫有关
计数，赋予数字特殊意义	给事物计数；赋予特定的数字某些神秘意义（例如，如果我刷牙30次，我今天将过得非常好；如果我没有刷够30次，我今天会过得不好）
反复	反复阅读、擦除、重写或重复日常活动（例如，反复打开和关闭电灯开关，反复进出一扇门，反复上下楼梯）
一再寻求确认	一再问问题，或者不断重复请求获得更多的信息
祷告	用祈祷来抵消一个不好的或渎神的想法
仪表修饰	将头发弄成奇怪的形状
内心检查	在内心不断回顾某个情境
"正是如此"或"刚刚好"仪式	重复一个动作、行为、想法或身体姿势，直到感觉"正确"为止
忏悔	感觉有必要告诉别人自己的一个可怕的罪过（比如自己有一个不好的想法，咒骂别人，对某人刻薄，或者撒谎）
过度就医	不断去看医生或去急诊室就诊

识别孩子的强迫症

通常来说，患有强迫症的人会同时具有几种强迫观念。不论孩子还是成人，都很有可能会将仪式隐藏得非常好，尤其是那些在内心里进行的仪式。即使你并非专业人员，随着你学习的强迫症相关知识越来越多，你渐渐能更好地认识和了解孩子的强迫观念和强迫行为。下面的练习中列出了强迫症儿童的一些常见行为表现，你可以试着回答练习中的问题。

练习：评估孩子的强迫症。

你的孩子是否过度或重复地出现如下行为？

◆ 担心接触土、细菌、化学物质、体液（尿、汗、粪便、唾液）或其他他认为有害的物质。

◆ 清洗、洗澡、使用洗手液，或通过某些行为（如使用袖子、毛巾）来防止自己接触到污染物。

◆ 担心自己被伤害或伤害他人，不论是故意的还是无意的。

◆ 采取措施避免可能会对自己或他人造成身体伤害的活动（比如运动、拿着刀或剪刀）。

◆ 通过反复查看或者询问"你还好吗？"来确认别人没有受到伤害。

◆ 担心感染疾病。

◆ 反复向父母寻求确认，要求去看医生，或者在网上搜索疾病相关信息。

◆ 以对称的模式做事情，并在行动中（触摸或者排序）表现出平均化。

◆ 以一种"刚刚好"的方式做事情（移动身体部位、安排事情、说话或者进行日常活动）。

◆ 以一种十分精确的模式整理和排列物品，当顺序被打乱的时候，就会感到很难过。

◆ 感觉需要完成某一个行为（做家庭作业、绘画、读章节连续的书），一旦中途被打断就会感到痛苦。

◆ 当一个想法或者问题出现在脑海里的时候，感觉必须表达出来或问出来，否则就会觉得很痛苦。

◆ 忏悔或者道歉。

◆ 十分担忧自己或者他人是否做"对"事情，或者固守一定规则。

◆ 担心他人不相信某种信仰。

◆ 对于脑海中出现讨厌的关于性的或者不好的、可怕的想法、想象或冲动而感到痛苦。

◆ 检查、重复某一行为或者给某一行为计数。

◆ 重复做某些动作（开关灯、关门和锁门、进出房间、待在某个特定的位置上）。

◆ 用特别的方式触摸或敲打东西。

◆ 担心在家庭作业中出错。

◆ 坚持自己不切实际的标准，如果没有达标就会感到痛苦。

◆ 学习方面，反复寻求确认或者表达对于成绩的质疑。

◆ 检查书包、家庭作业文件夹或者老师的指令。

◆ 感觉必须说或者做一些具体的事情来防止不好的事情发生。

◆ 躲避一些自认为不好或者不吉利的数字。

如果父母断定孩子正备受强迫症的折磨，可以遵循本章接下来将要介绍的步骤来帮助孩子解决问题。这些步骤和你在之前章节中所学习到的步骤是一样的，只有两点不同：①你不能让孩子使用智慧对话，因为他可能将智慧对话作为一种仪式；②你要进行一种特殊的暴露疗法——暴露与反应（仪式）预防（ERP）。除这两点外，本书中到目前为止所列出的其他原则都可用于帮助患有强迫症的儿童。如果你填完了前面那些章节中的表格，你可以使用已获得的信息来填写"在诱发情境中我会采取的仪式行为表"以及"暴露与反应预防前表""暴露与反应预防后表"。

关于暴露与反应预防

暴露与反应预防同之前描述过的那些暴露疗法一样，只不过它的目的是防止孩子在诱发情境中进行强迫行为。英国心理学家维克多·梅耶（Victor Meyer）在19世纪60年代创造出了这种治疗方法，自那时起，数百例临床治疗案例证实了暴露与反应预防对于强迫症来说是最有效的一种治疗方式。在进行暴露与反应预防的过程中，孩子会使用到实体暴露和想象暴露。

我们来看一下12岁的文斯，他的强迫行为是对称行为（表9）。文斯特别关注每天要接触到的东西的触觉感受，他觉得自己需要左右相等次数地去触摸东西。他必须用左右手相等次数触摸才能缓解自己的痛苦和紧张，以及精力无法集中的问题。如果他挠了挠右耳垂，那他必须以同样的方式挠一挠左耳垂。如果他用右手碰到了椅子，那么他也必须用左手碰一下椅子。你可以想象，一个人整天都在进行这样的仪式是多么心烦意乱，这会让人筋疲力尽。所以，文斯常常选择躺着或者坐着不动，这样他就不会被诱发去进行那么多的仪式了。

在暴露与反应预防中，孩子要故意进入诱发情境中，同时克制自己不进行任何仪式。为文斯设计的一个方案，是让他拍拍自己的右腿，进而诱发他的强迫观念：如果我不拍左腿让自己感到平衡，就会非常难受，以至于完全没有办法集中注意力做任何别的事。之后，他需要克制自己不去进行拍左腿的强迫行为。对于文斯来说，我们的目标是让他明白，即使感到心神不宁，他也能够做一些事情，因为他没有进行强迫行为也同样可以忍受恐惧、焦虑或者不舒服的感觉。

进行暴露与反应预防

制订一个暴露与反应预防计划和制订其他焦虑的暴露计划是类似的（可以参照第8章）。你需要从已经收集到的信息着手：孩子的诱发情境列表、"向下的箭头"分析结果以及父母和孩子的逃避和安全行为表。

第1步：建立一个诱发强迫观念的情境列表

在之前进行的监测中，你应该已经列出了一份孩子的强迫观念诱发情境列表。基于这些信息，你们已经做好充分准备可以填写接下来的"在诱发情

境中我会采取的仪式行为表"（在暴露与反应预防疗法中用到的不再是普通焦
虑症适用的"在诱发情境中我所做的逃避和安全行为表"）。你可以在附录 I
中找到一个空白表格。

即使你认为你和孩子已经了解他所进行的所有强迫行为，我仍然建议你
花点时间仔细浏览表9中的内容。参照表9中的信息，问问孩子是否有过其中
提到的仪式行为。在他描述自己曾经做过什么的时候，考虑一下他的行为是
否存在"过度"的问题——他的这一行为是不是比同龄正常孩子的此类行为
多？在表上记录下他处于诱发情境中但不采用仪式行为时的恐惧温度计数值。

现在按照孩子的恐惧等级排序，等级越高的情境处于列表中越高的位置。
下面是文斯的诱发情境列表。

- 挠痒。（6）
- 交叉腿。（5）
- 一只胳膊放松。（5）
- 举手。（5）
- 在一侧听到声音。（4）
- 在一侧看到某些东西。（4）
- 轻敲身体某一部分。（4）
- 把某个物体移动到一侧。（3）
- 朝着某一个方向看。（2）

第2步：选择诱发强迫观念的情境，并识别子情境

在进行普通暴露时，我建议你用恐惧等级最低的诱发情境来建立孩子的
第一个暴露与反应预防阶梯。对于文斯而言，这一情境就是朝着某一个方向
看。在孩子完成一些暴露与反应预防之后，他可能会有更大的信心，并且愿
意尝试更高难度的暴露与反应预防。

在选择暴露与反应预防的诱发情境时，请记住孩子的任务是完全克制自

己不去采取相关的仪式行为，他不能在晚一些时候再采取仪式行为——这是一种天然的诱惑。例如，如果文斯在治疗时认为自己可以在暴露与反应预防结束之后再去看向另一边，因此而克制自己在治疗中不朝另一边看的话，那么他很可能会在治疗中表现出低于原本应该有的恐惧等级，这样一来，暴露与反应预防就失去了作用。在选择暴露与反应预防的诱发情境时，确保你的孩子也明白这一点。让我们看看文斯和他的爸爸是如何选择诱发情境来完成他的第一个暴露与反应预防练习的。

父母：我们已经填写了"在诱发情境中我会采取的仪式行为表"，根据你的恐惧等级，将这些情境从难到易排列出来了。你愿意和我一起开始下一步吗？

文斯：好的，爸爸。我们是从最简单的那个开始吗？

父母：是的，但如果你想从一个更难的情境开始也可以。你想从哪里开始？

文斯：对我来说最简单的是朝某一个方向看，然后不要去做看向另一个方向的仪式行为。我可以从这个情境开始吗？

父母：当然！那么我们考虑一下你怎么能做到这一点。在暴露与反应预防中，你必须朝一个方向看，当你感觉到自己有一种朝另一个方向看去的冲动时，克制自己不这么做。可以吗？

文斯：可以，爸爸。对我来说，在某些窗户前只看一个方向非常容易，但在有些窗户前我会想看两个方向。

父母：这挺有意思。那么我们列出家里所有的窗户，看看在哪些窗户前只看一个方向是最简单的。

文斯：咱们家有很多窗户！

父母：我们来数数有多少窗户。（文斯和爸爸带着一张纸在家里来回走动，先在厨房的窗户前停下来，这扇窗户正对着一座建筑。）这扇窗户怎么样？你觉得你从这里只看向左边而不去看右边有多难?

文斯：(走近窗户)这没什么问题，我的恐惧温度计数值可能是1.5左右。

父母：你要记住，不做仪式行为意味着以后都不去做，也不能换一个位置去做。

文斯：我知道。从这扇窗户向外只看一个方向很容易，因为外面没有什么吸引我的东西。但是如果外面有吸引我看的东西时，就会变得难一些。

父母：太棒了！你给了我们更多关于焦虑的信息。现在我们试试餐桌旁的窗户。你现在从这扇窗户向外朝一个方向看，会发生什么。

文斯：(走近第二扇窗户)这个要难一点，因为窗外有很多东西吸引我，所以我很想看看两个方向。这扇窗户对我而言，恐惧温度计数值是3或4。

父母：嗯，很棒！我们去阳台吧。为什么不看看当你站在屋内透过玻璃门看向外面时会发生什么呢?

文斯：站在这里，除了天空之外，我看不到太多其他的东西。这对我来说，恐惧温度计数值是1。

文斯和爸爸去看了他们家的每扇窗户和每个门，并对诱发情境中的以下子情境的恐惧温度计数值进行了评估。请注意，某些子情境的数值可能比一般情境下看向一个方向的数值更高，一般情境的恐惧温度计数值是2。

- 阳台门外。(4)
- 餐厅窗户。(4)
- 客厅窗户。(3)
- 父母的卧室窗户。(2)
- 厨房窗户。(1.5)
- 文斯的卧室窗户。(1.5)

• 阳台门里。(1)

第3步：创建暴露与反应预防阶梯

你和孩子一起选择了诱发情境并识别了子情境后，就可以制订下一步的暴露与反应预防计划了。文斯在家里从各扇窗户和门向外看但不做出仪式行为的暴露与反应预防阶梯共有8级台阶，恐惧温度计数值从1到4不等。以下对话是文斯和爸爸共同商量制订他们的实验计划时的记录。

父母：文斯，你准备好和我一起坐下来制订一下向窗外看的实验计划吗？

文斯：现在吗？我今天想要歇一歇。

父母：我明白。你还记得我们谈论过你克服焦虑后的奖励吗？

文斯：你的意思是我们做完了这个以后可以去打篮球吗？

父母：当然可以！

文斯：好的。那我们来解决这个问题吧！该怎么开始？

父母：我们先来看看这个阶梯。

文斯：好，通过阳台门向外望去是1。

父母：这可能太容易了，不过也可以从这里开始。你会有去做对称的仪式行为的冲动吗？

文斯：可能会有点。但如果不做，我觉得也不会对我造成什么困扰。

父母：那会发生什么？

文斯：我可能会觉得有点怪怪的。

父母：你感觉奇怪会影响你做其他事情吗？上周咱们做"向下的箭头"表时，你说如果你不能进行对称的仪式行为，有时会感到心事重重，很担心自己不能在其他重要的事情上集中注意力。

文斯：因为我从阳台门向外看，看不到什么特别的东西，所以我想向另一个方向看的冲动不是特别强烈。即使我感觉有点怪怪的，这感觉也不会持续太久。

父母：稍等一下，我刚刚想到了一些事情。除了对称的仪式行为之外，还有什么其他的事情是你想做的吗？你可以假装正在做咱们设计的实验，看看之后还有什么。

文斯：嗯。如果是一扇外面有我想看的东西的窗户，朝一个方向看之后，我会很想从另外一扇窗户看向另一个方向。比如，我在卧室里做了暴露与反应预防，我会很想从餐厅的窗户向外看另一个方向，因为这两扇窗户有相同的视野。当我从卧室出来路过餐厅的时候，我必须克制自己不要从餐厅的窗户看向另一个方向。

父母：嗯，答得真棒！ 这听起来像是对称仪式行为的一个变体。我们应该在制订实验计划的时候留意一下这种情况。我会时不时地问你问题，确认一下你当下的感受和想法，可以吗？

文斯：当然可以。

父母：你刚刚提到家里的卧室窗户。这在咱们的阶梯上的恐惧温度计数值是 2，所以，接下来你可以开始针对这个来解决。

第 4 步：暴露与反应预防角色扮演练习

在孩子开始他的第一次正式暴露与反应预防实验之前，先找一些方式进行预演。即使孩子认为预演对他来说太容易，我还是建议你这样做。预演完全不会对孩子造成伤害，而且总会带来一定的帮助。文斯和他的爸爸都认为他的第一个暴露与反应预防非常简单，但他们还是做了一些预演，以确保他们的实验计划本身不存在任何未解决的问题。在孩子进行实体暴露前，做一些想象暴露与反应预防是一种很有用的方式。 帮助孩子进行想象暴露，让他对自己描述（默默地或大声地）在诱发情境下自己会想到什么、感觉和感知到什么，同时克制自己不去采取仪式行为。

与进行其他暴露实验一样，此练习可能会引起孩子高于预期的恐惧等级。别担心，这样的反应也是有治疗意义的。 父母在帮助孩子进行暴露与反应预防的预演时，尽量让过程变得有趣些，并且一定要记得在完成练习后奖励孩子。下面是文斯进行预演时和爸爸的对话记录。请注意，与瓦实提和她的妈妈做的练习不同，文斯的爸爸在练习中扮演的角色是一名观察员而不是参与者。

父母：好的，小家伙，在开始你的第一个暴露与反应预防实验之前，我们先来预演一下。

文斯：我们应该怎么做？

父母：你可以在自己的脑海里想象自己进行暴露与反应预防实验。假装你只从阳台门里面向外面看，只向左边看去，克制自己要向右看以求平衡的冲动。你可以大声地说出来或在脑海里默默演练。

文斯：我不觉得我需要练习这个，这对我来说太简单了！

父母：简单又怎么样呢？你不用费什么劲就可以得到奖励，听起来也不算坏啊，不是吗？

文斯：好吧。我试试看。

父母：为什么你不站在与你实际进行暴露与反应预防实验时相同的地方呢？这样你就可以感受到、听到你之后做真实实验时会出现的场景。闭上眼睛，想象你正在向左看，你有种冲动想要再向右看，但你克制住自己没有这么做。

文斯：（30秒后睁开眼睛）我做到了！

父母：感觉怎么样？

文斯：比我想象的要难。

父母：发生了什么？

文斯：即使是在想象中，我也真的很想通过做对称仪式来求得平衡。

父母：那你做了吗？

文斯：没有，爸爸。但我的恐惧温度计数值好像变成2甚至3了。我觉得当我真的做实验的时候，可能会是3。

父母：这对我们来说非常有用。你预期会发生的事情发生了吗？

文斯：我感觉有点怪，就像缺了点什么一样。

父母：你还好吧？

文斯：嗯，还好。

父母：你觉得惊讶吗？你之前想到预演会是这样的吗？

文斯：我很惊讶这种奇怪的感觉很快就消散了。我以为它会持续一段时间，困扰我很久。

父母：你做得很棒，文斯。想不想去打篮球？

第5步：进行暴露与反应预防实验

找一个每周相对固定的、可持续的时间，和孩子一起回顾以往的治疗经历，并且制订之后的暴露与反应预防实验计划。当一个暴露与反应预防实验计划制订成功，并且预演结果还比较令人满意时，就可以让孩子每天都进行几次暴露与反应预防实验。例如，文斯和爸爸决定星期天下午制订暴露与反应预防实验计划和进行预演。文斯也同意每天至少进行2次实验——一次是在上学之前，一次是放学回家以后，周末也一样坚持。

在进行实验之前，让孩子填写"暴露与反应预防前表"。在附录J中可以找到一个空白表格。与进行其他的暴露实验一样，如果孩子对于进行暴露与反应预防实验并没有很足的自信心，表格中最后一个问题的回答也印证了他的信心不足，可以考虑将难度降低。在文斯的例子中，尽管他的自信心比较足，但是在完成预演之后，他和爸爸一起将自己的恐惧温度计数值从1上升到了3。下面是文斯和爸爸在进行他的第一次正式实体暴露实验之前一起填写的表。

文斯的"暴露与反应预防前表"

我计划去做：从阳台看向天空或任何一个方向，并且控制自己不做出仪式行为。

我最担心会发生的事情：我会感到奇怪，就像少了点什么一样。这个想法将在我脑海中持续约10分钟。我可能不会喜欢这段时间，就像我刚做完仪式一样。

如果事情发生了我如何得知？ 我的爸爸可以设置一个10分钟的计时器，看看我的感受如何。

我有多大把握我的预测是正确的（0~100%）？ 95%。

我的恐惧温度计数值是多少？ 3。

我可能想采取什么仪式行为？ 我会想看向另一个方向。

如果不采取仪式行为的话，我自己有多少信心可以完成这个暴露实验？高、中或低？ 高。

在完成第一个暴露与反应预防实验后，立即填写"暴露与反应预防后表"来回顾孩子通过实验学到了什么。在附录 K 中可以找到空白表格。下面是文斯填写的"暴露与反应预防后表"。

文斯的"暴露与反应预防后表"

我最担心的事发生了吗？ 没有，在计时器响之前，我都忘记要去进行我的对称仪式行为了。

发生了什么？我是否感到意外？ 起初，我感受到了3.5的恐惧温度计数值，我担心自己会很长时间感觉不舒服，但后来很快就降到了2。我很惊讶恐惧的感觉消退这么快。我和爸爸打篮球打得很开心。

我的恐惧温度计数值是多少？ 一开始是3.5，后来降到2。

我从中学到了什么？ 我明白了其实不做出仪式行为，我也不会感觉很别扭。我忘记采取仪式行为的速度比预期的更快。

实验完成后，祝贺、赞美、拥抱你的孩子，给孩子兑现事前承诺过的奖励。

第6步：在暴露与反应预防阶梯上攀登更多台阶

如果孩子可以在不采取任何仪式行为的情况下相对轻松地完成一个暴露与反应预防实验，那么可以开始攀登暴露与反应预防阶梯的下一个台阶了。大多数情况下，每个暴露与反应预防实验计划都需要进行不止一次，不过如果孩子进步得很快，也无须阻止他进行下一步，只要你按照此处列出的步骤操作即可。事实上，暴露与反应预防实验以随机顺序进行时最有效，因此，你的主要关注点应该是孩子的动机水平。如果你的孩子勇于挑战难度更高的实验，那么无论如何都要鼓励他。

仍以文斯为例，他将从餐厅窗户向外看作为他的第二个实验。这一项在他的列表上恐惧温度计数值是4，因此这并不是他暴露与反应预防阶梯上的下一个台阶，但文斯想直接跳到这一步，因为他在餐厅里做作业做了很久，还在那里和他的家教老师上课。他在学习期间被对称仪式行为分散了注意力，搞得精疲力竭。餐厅的窗户很大，窗外有很多吸引他眼球的东西。除此之外，因为从阳台门里往外看的恐惧温度计数值已经被他提高到3，所以，文斯已经成功地抵达了难度更高的台阶，这给了他更大的信心。成功完成餐厅窗户的暴露与反应预防实验将使他可以跳过一些更容易的暴露与反应预防实验，比如跳过从厨房窗户和卧室窗户向外看的实验。

当孩子已经完成一整个暴露与反应预防阶梯后，就可以庆祝了！父母要按照顺序一一给予奖励，然后就可以准备开始新的阶梯了。回到孩子之前的诱发情境列表中，问问他接下来想要解决的是哪一项。如果他想尝试的情境有很大的跨越难度，那很好。如果他决定慢一点，一步一步进行，同样没问题。无论选择哪种，他都应该知道，不管计划和实施需要耗费多长时间，所有的暴露与反应预防实验都会一一进行。

总结
你从本章中学到了什么

★ 强迫观念是不必要的、经常性的担忧、想法、想象或冲动，它会引起焦虑、恐惧和痛苦。

★ 强迫行为（仪式行为）是为了压制或消减强迫观念、避免可怕后果出现或减少痛苦所进行的重复的行为或想法。

★ 暴露与反应预防（ERP）是一种特殊类型的暴露，它用于治疗强迫症。

★ 在一个暴露与反应预防实验中，孩子将被有意置于诱发强迫观念的情境中，同时要克制自己不采取任何仪式行为。

★ 暴露与反应预防的6个步骤是：建立一个诱发强迫观念的情境列表，选择诱发强迫观念的情境并识别子情境，创建暴露与反应预防阶梯，进行暴露与反应预防角色扮演练习，进行暴露与反应预防实验，在暴露与反应预防阶梯上攀登更多台阶。

Anxiety Relief for Kids

11

制定针对强迫症的
暴露与反应预防

本章提供了针对各种强迫观念的暴露方法。这里没有涵盖强迫观念的所有类型，而是着重介绍了我在日常工作中最常遇到的案例类型。对于每一种强迫观念，我都会先进行大致描述，然后给出一个简短的案例。请注意，在这一章中，每个案例里我只提供了"暴露与反应预防前表"，但正如你在上一章中的案例里可以看到的，孩子还需要在暴露实验之后填写"暴露与反应预防后表"。

侵入性想法、想象和冲动

即使没有焦虑症的人也会有非自主的想法、想象和冲动，只是正常情况下人们会认为这些并不重要。然而，有强迫观念的孩子一旦脑海中出现这类侵入性想象就很难摆脱，他们会因此变得非常痛苦，并且会做出一些仪式行为，试图逃避这些想法，或让它们消失。孩子越是试图使用仪式行为来消除或逃避这些想法，就越容易陷入其中。

侵入性想法、想象和冲动可能与孩子的其他强迫观念有关。例如，一个有侵略性强迫观念的孩子可能会有非自主的、暴力伤害自己或他人的想象画面，或者可能有说脏话或偷东西的冲动（其实他无意这样做）。同时，也有些孩子的侵入性想法、想象和冲动与其他强迫观念无关。

与侵入性想法、想象和冲动相关的仪式行为包括：寻求安抚；反复检查；逃避可能诱发侵入性想象的电影、报纸、电视或其他媒体；逃避与那些想象和想法相关的诱发情境；以及使用一些仪式让快乐的想象代替恐惧的想象等。

想在现实生活中找到模拟某些强迫观念的情境可能是很困难的，因此，想象暴露对于侵入性想象这一类型的强迫观念特别有效。在第8章中，我们已经讨论过了想象暴露，在暴露与反应预防中使用想象暴露的原则与前文中介绍过的使用原则是一致的。

7岁的贾马尔总是想象他的狗齐皮被汽车撞击的画面。这是一种侵入性强迫观念，因为它涉及对自己的爱宠遭受伤害的恐惧，还包含了非自主的想象。贾马尔想象的画面生动而可怕，他无法控制自己。之后他开始进一步担心因为自己脑海中常出现这样的画面，导致齐皮更可能应验了他想象中受到伤害的命运。这个想法更增加了他的痛苦，放大了他不切实际的想象，而这些不切实际的想象常常与强迫观念和强迫行为相关。贾马尔的父母已经注意到他出现了好几次仪式行为。他经常会找齐皮在什么地方，出门上学或参加其他活动之前也要父母反复保证会好好照顾齐皮。贾马尔经常问他的父母为什么自己脑海中会出现这些想象的画面："这预示了什么吗？""为什么我一直感觉齐皮会受伤？""你觉得齐皮会不会哪天真的被汽车撞倒？"

作为父母，你可能也会觉得建议孩子更多地暴露在痛苦的情境中很为难，但这其实是在帮助他走出泥潭并且减轻他的痛苦。不要忘记，如果孩子感觉受到侵入性想法或想象的伤害，让他通过暴露与反应预防有意识地将自己暴露在这些痛苦情境中，会让他感受到自己的掌控力。这本身就是非常有意义和有积极作用的一件事情。

贾马尔和他的父母可以创建一个暴露与反应预防阶梯，其中可以包含对齐皮死亡的侵入性想法的不同程度的暴露。贾马尔需要使用想象暴露，因为齐皮并没有死去，所以这一情境必须在贾马尔的想象中被创造出来。在制订想象暴露计划时，我通常告诉孩子应该像在脑海中看电影一样。这种类型的暴露与反应预防实验并不会否定恐惧的假象一旦在现实中发生会很可怕这个事实，而是让孩子停止不切实际地高估事实，并因此深陷其中。

下面是贾马尔使用的暴露与反应预防阶梯，紧接着是他的"暴露与反应预防前表"。

- 想象整个画面，包括所有场景。（10）
- 想象一下场景的最后一幕：齐皮受了重伤。（9）
- 想象第三个场景：齐皮被汽车撞倒了。（8）
- 想象第二个场景：齐皮跑到街上。（7）
- 想象第一个场景：齐皮跑出大门。（5）

• 写出句子：齐皮被汽车撞倒。（4）

贾马尔的"暴露与反应预防前表"

我计划去做： 写下"齐皮被汽车撞倒"，每天25次，并将纸张放在外面，以便我能经常看到它们。

我最担心会发生的事情： 我担心齐皮可能会发生什么不测。每一天这个想法出现在脑海中的时候，我的恐惧温度计数值至少是4。

如果事情发生了我如何得知？ 我会在一天结束时告诉爸爸妈妈我的恐惧温度计数值。

我有多大把握我的预测是正确的（0~100%）？ 60%。

我的恐惧温度计数值是多少？ 4~5。

我可能想采取什么仪式行为？ 到处找齐皮在哪里。总是想知道它在什么地方。

如果不采取仪式行为的话，我自己有多少信心可以完成这个暴露实验？高、中或低？ 高。

完美主义强迫观念

强迫观念的一种表现形式是过度担心无法达到自我强加的标准或目标。这类强迫观念被称为"完美主义强迫观念"。约瑟夫（第1章）和卡米拉（第4章）都有完美主义强迫观念。我看到过很多有这种类型强迫观念的儿童和成人。（请注意，有些孩子有完美主义倾向，他们选择采取逃避和安全行为，而不是仪式行为，这样的孩子患的是广泛性焦虑症，而不是强迫症。）

在具有完美主义强迫观念的儿童中，很多都没有得到适时的诊断和治疗，因为他们的表现似乎都在说明他们是"模范"儿童。他们成绩优异，参加所有老师、父母认为是"对"的活动，他们在学业上十分用心而常常受到老师的偏爱。尽管这些孩子的内心可能遭受着很大的痛苦，但是强迫观念给他们带来的害处往往只有在情况已经变得十分严重时才会被发现。因此，即使是中等程度的强迫观念，也会让患者为之付出很高的代价。

请记住，所有的强迫观念都是连续统一的。适当的动力有助于我们取得更好的成绩，它激励我们利用现有的资源（如时间和精力），尽最大努力做到最好。但是，尽全力做到最好并不意味着达到完美。在大多数人的追求中，完美都不是现实的、可实现的目标。然而，一个有完美主义强迫观念的孩子却认为他可以做到完美，并且他会努力去实现这些不切实际的标准。事实上，不切实际的标准根本无法实现。这就是为什么这些孩子常常觉得自己永远做得不够好。

完美主义强迫观念很难克服的另一个原因是，它常常会给患者带来明显的积极成果，比如优异的成绩、老师和父母的称赞，以及在未来竞争日益激烈的世界中获得成功的感觉。孩子的强迫观念得到了来自身边各种资源的内在增援。此外，有完美主义强迫观念的人往往比有其他类型强迫观念的人更欠缺自我认知。一个有完美主义强迫观念的孩子比一个有清洁强迫观念的孩子更容易坚信自己的观念。

与完美主义强迫观念相关的一些仪式行为很容易被孩子的父母察觉到。过度用功学习，检查日程安排，使用特殊的笔，检查书包以及反复确认作业已经完成，都清楚地反映了明显的完美主义的标准。但是，还有其他一些强迫行为较难被发现。例如，你的孩子可能会担心一些无关紧要的决定，比如在餐厅点什么餐，或在度假时买什么颜色的 T 恤。孩子在这些情境中所恐惧的后果通常是自己的决定不是最好的选择。

有完美主义强迫观念的孩子通常会将观念诉诸仪式行为，比如要求他人为自己做决定，向他人寻求共识，逃避自己做决定，并在脑海中优化选择（花费大量时间思考所有可能出现的结果，以确定自己所做的选择是最优的）。我曾经遇到过一个 8 岁的男孩，他的父母认为他患了抑郁症，因为他拒绝做他以前原本喜欢的事情。尽管他能力很强，也获得了不错的成绩，但他从未对自己在运动或学业上的努力感到满意。在成功治愈了他的完美主义强迫观念后，他的父母才明白孩子的问题实际上并不是抑郁症。

我见过的儿童的其他仪式行为还包括：当自认为表现不是最好的时候，中途放弃正在参加的活动或者运动；当自己的表现没有达到预期中的完美时，借口自己不再喜欢做这些事情；因为害怕失败而拒绝参加比赛；因为担心迟到或者错过某些事情而不停地看表。拖延也是另一种常见的仪式行为。尽管一些有强迫症的孩子会急于完成任务，因为害怕自己没有足够的时间去做，以及担心没有时间反复检查确保事情无误；另一些孩子则选择拖延，因为他们单单在仪式行为上就要花费过多的时间和精力。

在第1章中提到的12岁的约瑟夫就是一个完美主义强迫观念的例子。他所做的仪式行为包括在家庭作业上花费过多时间，过度准备或过度学习。他总是在放学后立即开始做作业，避免参与可能干扰他写作业的任何活动，例如和朋友聚会。即使已经对准备的资料很熟悉，他还是会要求父母提前测试自己。他告诉父母他认为自己还没有为考试做好充分的准备，通过这样向父母寻求安抚。他反复检查自己的计划表，确保没有遗漏任何作业，并且反复检查作业是不是都装进了书包。

约瑟夫和妈妈建立暴露与反应预防实验时的对话如下。

父母：约瑟夫，我们谈论过帮助你制定策略来减轻功课和任务给你造成的压力，对吗？

约瑟夫：是的。

父母：嗯，我认为你已经准备好进行下一个步骤了。

约瑟夫：妈妈，我对现状感到很满意。我喜欢让自己一直保持忙碌的状态。

父母：我明白你现在有这种感觉。但是我们谈论了你的焦虑问题，焦虑的感觉出现的时候你似乎也不太高兴。

约瑟夫：你说得对。我希望自己没有那么紧张。

父母：这就是我们为什么要开展这个实验的原因。

约瑟夫：我知道，我知道。好吧，下一步是什么？

父母：下一步是建立暴露与反应预防阶梯，这样你就可以在诱发焦虑的情境中进行练习，同时克制自己不做出仪式行为。我们可以一起看看你的诱发情境列表，然后找出你在每种情境下都会做出哪些仪式行为。

约瑟夫：暴露与反应预防是什么意思？

父母：意思是进行暴露的同时阻止你做出仪式行为。还记得我们谈过焦虑山，还有怎么往大脑里装更多的绿色糖果吗？你要翻越焦虑山，到达山的另一边，在那里你就可以处于诱发情境但不会感到太大的压力。要做到这一点，你需要在这种情境中多次练习，同时克制自己不去采取仪式行为。在每次练习中，如果你能做到身处这种情境但不做任何仪式行为，就可以给大脑里多放一颗绿色的糖果。

约瑟夫：我还记得。那我到底需要做什么？

父母：约瑟夫，重点并不是你必须去做什么，重要的是使用已被验证有效的工具来帮助你减少焦虑。

约瑟夫：我明白你的意思了。我们现在应该怎么办？

父母：我们可以一起看看这个诱发情境列表吗？

约瑟夫：当然。在哪里？

父母：我这里就有。我们开始之前快速浏览一下好吗？

约瑟夫：好的。（他浏览了一下列表）我想起了上周发生的这些事情。

父母：太好了。我们一起看看，确保里面的信息仍然是准确和完整的。（妈妈大声读出了列表里的情境和约瑟夫分别给出的恐惧温度计数值。）

约瑟夫：听起来都是对的。

父母：再看看你在这些情境中的仪式行为表。我这里就有一份。我们可以一起看吗？我们还需要想想除了尽力逃避这些情境外，你

167

还会做出哪些仪式行为。

约瑟夫：好的。（和妈妈一起阅读仪式行为表。）

父母：我们从恐惧等级最低的情境开始，看你在这一情境中倾向于采用哪些仪式行为。哪个情境的恐惧等级最低？

约瑟夫：在上学日的晚上出去吃晚饭的恐惧等级最低。但这也取决于是哪家餐厅，还有我那天有多少作业要做。如果我在晚餐前可以完成所有作业，那出去吃饭就不成问题，如果之后我还需要练琴的话，也不行。还有，如果我正在做一项长期的作业，也没时间出去吃饭。

父母：你能注意到恐惧等级根据不同的情境会时高时低，这很棒！我们选择在上学日晚上出去吃饭这件事是选择了一个恐惧温度计数值不超过4的情境，然后针对这个情境建立一个暴露与反应预防阶梯。

约瑟夫：如果我们去快餐店吃晚餐，我觉得这没有问题，因为比在家里吃晚餐还快。但如果去风车餐厅的话，时间就会很长，因为总是碰到你和爸爸的熟人，你们会不停地聊天，我的恐惧温度计数值会变得更高一些。去奶奶家吃饭的时间太长了。如果我知道要去奶奶家的话，我肯定要早早完成我的作业。

父母：这个观察很棒。我们可以用你的这些信息来设计我们的暴露与反应预防实验。

约瑟夫：听起来对我很有帮助。

父母：如果你放学后有合唱团练习，晚餐后还有许多家庭作业要做，在这样的情况下我们去快餐店吃晚餐，你的恐惧温度计数值会是多少？

约瑟夫：这种情况下我根本不想出去。但如果我不得不去的话，恐惧温度计数值应该是5。

父母：如果你的作业量不太大呢？

约瑟夫：那就是4。

父母：如果你放学后需要参加合唱团，但是剩下的作业20分钟就能做完呢？

约瑟夫：那就是2。

父母：如果其他条件不变，只是改成去奶奶家吃晚饭。如果你有很多作业要做，你还没开始写，这个时候又需要去奶奶家吃晚餐，你的恐惧温度计数值会是多少？没记错的话，尽早做功课也是你列在清单上的仪式行为之一。

约瑟夫：我认为会是8。

父母：好的，非常棒。那如果你的作业量适中，但是去之前还没有全部完成，你的恐惧温度计数值会是多少呢？

约瑟夫：那会是6。

父母：如果你剩下的作业量只需20分钟就能完成，这个时候去奶奶家吃晚饭的恐惧温度计数值是多少呢？

约瑟夫：4。

父母：为什么是4？

约瑟夫：我可能会遗漏一些东西，或者要做的作业比想象中更多。这就是为什么我总是要不断地检查确认。如果我不在家，就无法检查。我会很紧张，直到我进了家门可以检查为止。

父母：那检查也是另一种仪式行为？

约瑟夫：我觉得是。在家的时候，我会自动做这件事。

父母：观察得很好，约瑟夫，很棒！我们把检查这项也写在你的仪式行为表里。你觉得在风车餐厅进行暴露与反应预防实验怎么样？它需要的时间比在快餐店吃饭长一点，但要比去奶奶家吃饭短。

约瑟夫：去风车餐厅吃饭的恐惧温度计数值大约是5，但如果你和爸爸开始与你们的朋友聊天，数值就会变得更高。

父母：我也发现了，我们每次聊天的时候你会表现得很烦躁。还记得
　　　上次我们碰到沃斯一家吗？你跟爸爸妈妈闹别扭了，因为你一
　　　直闹着要快点走，我们没法跟他们好好聊天。

约瑟夫：我知道。对不起。

父母：没关系，事情已经过去了。不过，你觉得我们应该把你爱缠人
　　　也列入仪式行为表里吗？

约瑟夫：我觉得可以。我会变得很焦虑，因为想回家完成我的作业。

父母：我知道你会这样想。但你也知道缠着爸爸妈妈的行为只会让你
　　　的焦虑痣（之前给焦虑起的绰号）越长越大。

基于这次谈话，约瑟夫和妈妈建立了下面的暴露与反应预防阶梯（括号
中显示的是孩子克制自己不去做仪式行为时感受到的恐惧温度计数值）。

• 当我有很多作业要做的时候去奶奶家吃晚餐。（8）
• 当我有很多作业要做的时候去风车餐厅吃晚餐。（7~8）
• 当我的作业量适中的时候去奶奶家吃晚餐。（6）
• 当我的作业量适中的时候去风车餐厅吃晚餐。（5~6）
• 当我有很多作业要做时去快餐店吃晚餐。（5）
• 当我的作业很少时去奶奶家吃晚餐。（4）
• 当我的作业很少时去风车餐厅吃晚餐。（3~4）
• 当我的作业量适中时去快餐店吃晚餐。（3）
• 当我的作业很少时去快餐店吃晚餐。（2）

约瑟夫可能会愿意在上学日的某个晚上去快餐店吃晚餐，以此开始他的
第一个暴露与反应预防实验，因为晚饭后他大约只需要20分钟来完成作业。
下面是他的"暴露与反应预防前表"。

约瑟夫的"暴露与反应预防前表"

我计划去做：这周二晚上先不做完作业，去快餐店吃晚餐。我会把数学作业留到吃完饭回家再做。

我最担心会发生的事情：去外面吃晚饭需要很长时间，可能会超过25分钟，这会让我感到非常焦虑。我可能没有太多心情好好吃饭。我不想说话或浪费时间。如果爸爸妈妈聊天聊太长时间，我会感到很恼火。

如果事情发生了我如何得知？我可以感觉出自己是不是紧张。如果我没吃完饭，从我剩下的食物也能看出来。如果爸爸妈妈告诉我放轻松一些，我也可以知道我肯定表现出对他们不耐烦的样子了。

我有多大把握我的预测是正确的（0~100%）？ 60％。

我的恐惧温度计数值是多少？ 3。

我可能想采取什么仪式行为？我会很想提醒他们快点。我会一直看表，不断告诉爸爸妈妈现在几点了。

如果不采取仪式行为的话，我自己有多少信心可以完成这个暴露实验？高、中或低？ 高。

污染强迫观念

有污染强迫观念的孩子总是担心自己和身边亲近的人会接触到细菌、污垢、有毒物质或碎玻璃，并因此患病或受伤。与污染强迫观念有关的仪式行为通常涉及过度清洗或清洁，以及试图在日常生活中避免所有"不洁净"或"不安全"的环境或物体。

在治疗有污染强迫观念的孩子时，我喜欢在暴露与反应预防中使用羽毛掸子。让孩子用羽毛掸子收集"细菌"或"恶心的东西"，然后用羽毛掸子"污染"自己的手和身体、衣服、毛巾等。这个方法是有效的，这么做能迅速使孩子明白，尽管他经常暴露在污染物中，但他恐惧的后果并不会出现，而且他可以控制可怕后果出现的可能性。有时候，我会用一根棉纱线做一个小巧的便携式羽毛掸子，方便随身携带，这样孩子可以在出门在外时或在学校里使用它，不用时可以把它放在口袋或背包里。

羽毛掸子方法是有效的，因为它消除了试图阻止孩子在某段特定时间洗手和做其他仪式行为（过度躲避污垢、过度清洗）的混乱做法。随着孩子通过鸡毛掸子方法在暴露与反应预防实验中有所进展，他的过度清洗和其他仪式行为会自然而然减少，因为他知道自己在清洗完之后又会立马被重新污染。

有污染强迫观念的人经常喜欢待在某个安全的、远离污染的特定空间里，如卧室。这种做法并不妥当，因为这么做只是在逃避问题。孩子在白天可以躲避困难，因为他指望着在一天结束时洗个澡，然后进入他认为清洁无污染的安全空间。使用羽毛掸子技巧可以消除这种仪式行为，因为它随时会污染一切。

如果你的孩子在评估羽毛掸子的诱发情境时恐惧温度计数值都是高于4的，那么他可能会借助纸巾接触被污染的东西表面，然后用羽毛掸子掸纸巾上的灰尘。这样做会降低他的恐惧温度计数值，因为他会认为这样纸巾上的污染物会少一些。如果你遇到这个问题，不要屈从于他，冷静地告诉他你有解决方案。你可以问他："如果你手上垫了纸巾去握门把手，然后再用羽毛掸子掸掸纸巾，你的恐惧温度计数值是多少？"有时候孩子会在被污染的东西表面铺上一张又一张纸巾，然后用羽毛掸子清扫最后一张，这样可以将他的恐惧温度计数值降到4或更低，这都没有关系，只要他不完全逃避执行整个暴露与反应预防实验。

在孩子每天使用羽毛掸子方法的过程中，要持续追踪他的恐惧温度计数值。找到每一天中适合你们两个人的不紧张、不忙碌的一个固定时间，时不时询问孩子他的恐惧温度计数值，追踪孩子的完成情况。确保孩子填完"暴露实验后表"，以便他可以从全天候的可怕污染物暴露中学到经验教训。对他进行羽毛掸子的暴露与反应预防实验给予表扬和奖励。他需要继续用羽毛掸子收集灰尘，直到他在任何时候都可以感觉舒适地暴露于羽毛掸子上收集的任何东西。在掌握了这个暴露与反应预防实验之后，他可以进行暴露阶梯上的下一个台阶的暴露，或者跳到更高的台阶，选择另一种新的污染物，然后用羽毛掸子收集。

并非所有具有污染强迫观念的儿童都会担心被污染物伤害，有时候，污染物只是让他们感到厌恶而已。这种情况下，孩子可能不是担心某个具体后果，而是担心自己被讨厌的脏东西搞得心神不宁。他们知道污染物在身上的可怕后果通常包括让自己心神不宁、感觉不舒服，扰乱了自己内心的平静，或者妨碍了自己将注意力集中于更重要的事情上。

还有一些有污染强迫观念的孩子担心自己将病菌传给他人。这些孩子担心自己会对亲近的人造成伤害。接下来介绍的羽毛掸子的暴露与反应预防阶梯是11岁的艾丽莎创建的，她担心的不是自己受到伤害，而是自己会将污染物传给家人，特别是她的小弟弟。她所做的仪式行为包括避免接触家人，过度频繁地冲凉和洗澡、洗手、使用洗手液，以及寻求父母的安抚。

以下暴露与反应预防阶梯详细介绍了艾丽莎使用羽毛掸子从各种诱发物体中收集细菌，然后"污染"她的家人或他们接触的物品。所有台阶中的步骤都需要艾丽莎来污染她的个人物品和家庭物品。

- 在学校卫生间马桶的冲水器上使用羽毛掸子。（10）
- 在学校卫生间的抽纸箱上使用羽毛掸子。（10）
- 在学校卫生间的隔板上或门把手上使用羽毛掸子。（9）
- 在教室里的书桌上使用羽毛掸子清扫她觉得最恶心的东西。（9）
- 在教室门把手上使用羽毛掸子。（8）
- 在餐厅卫生间门把手上使用羽毛掸子。（7~10）
- 在咖啡店的收银台上使用羽毛掸子。（5）
- 在购物车把手上使用羽毛掸子。（5）
- 在旧纸币或硬币上使用羽毛掸子。（4）

- 在教室的椅子上使用羽毛掸子。（4）
- 在家里外门的门把手上使用羽毛掸子。（2）

艾丽莎同意从在家里外门的门把手上使用羽毛掸子清扫开始她的暴露与反应预防实验，因为这项的恐惧温度计数值最低。下面是艾丽莎填写的"暴露与反应预防前表"。

艾丽莎的"暴露与反应预防前表"

我计划去做： 用羽毛掸子扫一扫我们家外门的门把手，然后扫一扫我弟弟的玩具和高脚椅，家里的桌子、餐具、刀叉、我的房间、我自己，还有我的衣服。每次我洗手或洗澡，或将碗碟从洗碗机里拿出来后，我都会再次用羽毛掸子把这些东西弄脏，让我知道细菌无处不在。

我最担心会发生的事情： 我担心弟弟会因此生病并且需要去医院。除非我可以确定他没有得病，否则我就无法思考别的事情。我无法专心完成我的作业，甚至无法入睡。我在学校一整天都会想着要回家确认弟弟没有生病。

如果事情发生了我如何得知？ 如果我弟弟生病了，我肯定会知道。如果他被送去医院，那就再明显不过了。我的老师会问我为什么作业完成得不好。我会告诉爸爸妈妈我睡得不好，还有我在学校里唯一想的就是我弟弟。

我有多大把握我的预测是正确的（0~100%）？ 40％。

我的恐惧温度计数值是多少？ 2。

我可能想采取什么仪式行为？ 因为清洗的行为并不能起到什么作用，所以我会想看看我的弟弟是否有生病的迹象。我想让妈妈给他测体温，反复问妈妈觉得弟弟会不会生病。

如果不采取仪式行为的话，我自己有多少信心可以完成这个暴露实验？ 高、中或低？ 高。

侵略性强迫观念

侵略性强迫观念是指害怕伤害自己或他人，或害怕自己或他人被伤害。当然，我们大多数人都有过类似这样的想法，比如："如果我骑自行车骑到高速公路上会怎么样？""如果我特别特别生气，把那个人从阳台上推下去会怎么样？""如果木工店里的小孩不小心用锤子打到我会怎么样？"有侵略性强迫观念的孩子会陷入这些想法或冲动中，担心自己大脑中想象的行为会在现实中发生。他们害怕自己无意识地失去控制，伤害到自己或他人，或者自己和他人会遭到伤害。

许多有这种侵略性强迫观念的孩子都认为，有想法或冲动就等同于自己做出了一些有害的事情，或者更有可能真的做出这些事。当然，陷入这样的想法是非常痛苦的，所以他们会采取某些仪式行为，来帮助自己确定不会真的发生伤害。这种仪式行为包括寻求反复确认和安抚、反复检查、逃避（远离阳台，不使用刀具和剪刀，在恐惧的情境下保持过度警惕）等。

有些孩子的侵略性强迫观念要轻一些。例如，孩子可能只是害怕在骑自行车或跑步时突然撞到某人，并且造成伤害。与这种恐惧相关的仪式行为包括逃避害怕的情境或避免与其他孩子有身体接触，保持过度警惕的行为，以及反复检查被撞到的孩子的身体状况。

还有一些有侵略性强迫观念的孩子担心自己会伤害自己，甚至是自杀。如果是这种情况，父母需要暂停自行治疗，你的孩子必须由专业心理健康人士评估自杀风险。如果诊断结果证明孩子是强迫症，那么你可以按照本书提出的指导方针来帮助他恢复。需要知道的是，有侵略性强迫观念的孩子既不会自杀也不会杀人，他们其实并不想伤害自己或他人，只是害怕自己会那样做。他们不会表现出严重的抑郁、愤怒，也没有将这些想法付诸实践的行为。某些侵略性强迫观念的表现可能会比较严重，需要经验丰富的认知行为治疗专家来处理。不过，总的来说，侵略性强迫观念并不比其他强迫观念更难应对，而且也不比其他强迫观念更严重，它只是某些表现看起来有点可怕。

　　10岁的法隆热爱足球和许多其他运动。她是一名非常优秀的学生，有一个充满爱心、给予她很多支持和鼓励的家庭，有许多朋友，总的来说，她的生活是很幸福的。但在8岁时，她开始出现侵略性强迫观念，在这种感觉出现期间，她很担心踢足球、骑脚踏车或在操场上玩耍时可能会伤害其他孩子。当这种感觉出现的时候，法隆会不停地向父母寻求反复确认和安抚，并且不停地向其他孩子道歉。在比赛或者游戏中她也渐渐变得非常不积极。她的父母以为她只是一个太关心他人、敏感而有同情心的孩子。这些侵略性强迫观念时不时在她脑中出现又退去，直到10岁这一年开始真正对法隆的生活造成了影响。因为在这一年，法隆的足球训练强度增大，她的教练和队友都敦促她在踢球时要更有攻击性。法隆的仪式行为包括在运动中避免拼尽全力，而是以十分谨慎的方式踢足球。她总是检查自己是否伤害到了别人，反复询问对方："你还好吗？你没事吧？"和别人一起骑车时，她也非常小心。她总是向父母和同伴反复寻求确认和安抚。

　　法隆的暴露与反应预防阶梯可以很好地说明应该如何去做侵略性强迫观念的暴露。

- 在比赛期间擒抱抢球后不要问"你还好吗？"或检查对方的状况。（8~10）
- 在训练期间擒抱抢球后不要问"你还好吗？"或检查对方的状况。（7）
- 在一场比赛中把球从对手那里抢走，不询问"你还好吗？"或检查对方的状况。（6~8）
- 在训练中表现出百分之百的努力和信念，不要问"你还好吗？"或检查任何人的状况。（5~7）
- 在训练中把球从队友那里抢走，不要问"你还好吗？"或检查对方的状况。（5）

　　下面是法隆填写的"暴露与反应预防前表"。

> ### 法隆的"暴露与反应预防前表"
>
> **我计划去做：**在训练中把球从另一个女孩那里抢走。我会很努力地抢球，不会因为我不想伤害到她而退缩。
>
> **我最担心会发生的事情：**我会伤害到被我截走球的人。
>
> **如果事情发生了我如何得知？**她会倒在场上，救护车也可能会来。
>
> **我有多大把握我的预测是正确的（0~100%）？** 20%。我知道这种情况可能不会发生，但它确实存在发生的可能性。
>
> **我的恐惧温度计数值是多少？** 5。
>
> **我可能想采取什么仪式行为？**退缩。我不会尽全力去抢球。如果我抢到球，我会问对方是否还好，之后再去看她以确保她没事。
>
> **如果不采取仪式行为的话，我自己有多少信心可以完成这个暴露实验？高、中或低？**高。

与健康相关的强迫观念

与健康相关的强迫观念包括对感染严重疾病或身体变虚弱的恐惧。虽然没有人想生病，但有这种强迫观念的孩子会被这种恐惧所萦绕，他们会担心不太可能发生的事情，比如一个孩子会害怕自己心脏病发作。一些轻微的症状可能会被他们夸大，比如有的孩子会担心头痛是脑瘤的征兆。

9岁的弗雷德有与健康相关的强迫观念，当他听到有人感染了某种疾病时，这种强迫观念就会被诱发。最近一次是班级在学习黑死病的社会研究中，当他得知这种疾病现在仍然存在于某些偏远地区时，他的强迫观念被诱发了。他还了解了腮腺炎、麻疹和麻风病的相关知识。弗雷德为了确定自己不会患上严重的疾病，他开始发展出一系列强迫行为，比如在互联网上搜索有关疾病的信息以及曾经在什么地方暴发过疫情，并反复向父母寻求确认："人们都是怎么感染上瘟疫的？""咱们国家谁是最后一个得这种病的人？""你觉得可能会再一次暴发疫情吗？"

下面展示的暴露与反应预防阶梯是针对弗雷德对瘟疫的强迫观念而构建的。每个台阶对应的恐惧温度计数值反映出当他暴露于这种与健康有关的情境，同时没有采取反复寻求确认和上网搜索的仪式行为时的感受。

- 说出"我不能百分之百确定我不会被传染瘟疫"。（10）
- 看感染了瘟疫的人的照片。（9）
- 阅读有关瘟疫的描述。（8）
- 大声说："我可能也会得瘟疫。"（6）
- 写下"瘟疫"一词。（4）
- 一遍又一遍地说"瘟疫"一词。（3）

在这个案例中，弗雷德进行的第一个暴露与反应预防实验是反复说出"瘟疫"这个词，同时克制自己做出任何仪式行为，直到他的恐惧温度计数值显著降低。下面是弗雷德填写的"暴露与反应预防前表"。

弗雷德的"暴露与反应预防前表"

我计划去做：每天说20次"瘟疫"一词。

我最担心会发生的事情：我更担心自己会得病。我认为只是说出来就可能真的会发生。我可能真的会感染瘟疫。我非常担心，放学后不想出去玩。我在学校也一直在想这件事，不能专心学习。

如果事情发生了我如何得知？ 如果我感染了瘟疫，我会突然发热、头痛。我的手指和脚趾会变黑。我需要去医院。我知道自己会有这种想法，因为我放学后会待在家里，甚至不想和马可一起玩。如果我没有完成作业，老师也会告诉父母。

我有多大把握我的预测是正确的（0~100%）？ 对感染瘟疫的确定性是20%，对感

染瘟疫的忧虑以及不能出去玩或者无法完成作业的确定性有60％。

我的恐惧温度计数值是多少？ 3~4。

我可能想采取什么仪式行为？ 摸摸额头，检查自己有没有发热；让妈妈给我测体温；看看我的手指和脚趾是否变黑。

如果不采取仪式行为的话，我自己有多少信心可以完成这个暴露实验？高、中或低？ 高。

"刚刚好"、排序、安排以及不完整强迫观念

有"刚刚好"或者其他类似强迫观念的孩子，当他们不能以特定的方式做事，不能以自己偏爱的方式排序或安排事物，或者不得不让事情保持在未完成或不完整状态时，会感到非常痛苦。他们会采取一些仪式行为，包括以特定方式安排事物或发展出一种固定动作。比如，孩子可能会觉得有必要调整自己握铅笔的方式，于是会一直调整到感觉对了为止。他可能会坚持不间断地完成仪式的每一步，如果中断了的话，就觉得应该从头开始。

这些孩子关注的事物和采取的行为可能会有所不同，但这些事物对每个有这类强迫观念的孩子来说都具有他们个人赋予的意义。因此，对观察者来说，这些强迫观念常常是没有任何逻辑的。有这种强迫观念的孩子关心的物体可能包括玩具、书架、书桌、抽屉或橱柜，关心的行为可能有穿搭和打扮（发型、穿衣风格）。一个具有高度特定类型的强迫观念的孩子可能不会对其他类型的事物产生强迫观念。比如，某个孩子有排序强迫观念，当他的朋友在家里玩的时候，无意间打乱了房间里玩具的排列顺序，他可能会感到很不舒服，但他可能不会因为其他地方的混乱而感到焦虑。他可能不在乎自己的背包有没有溅上泥，也不在意朋友的房间是不是乱七八糟。

6岁的焕有"刚刚好"、排序、安排以及不完整强迫观念。他的仪式行为包括将塑料积木模型按照特定的顺序摆在特定书架上；还有，不完成任何一

个模型绝不罢休，即使是短暂的休息也不可以。他会避免邀请朋友们来家里玩，因为他不希望他们"把家里的东西弄得乱七八糟"。如果有人这样做，他会非常痛苦和愤怒。他的父母观察到他为了完成正在做的事情可以推迟去玩的时间，如果让他先放下手里没完成的事情，他会非常气愤。下面是焕使用的暴露与反应预防阶梯。

- 邀请朋友来玩我的塑料积木模型。（10）
- 允许哥哥摸我的积木模型并稍微移动一下它们的位置。（9）
- 将还没完全组装好的积木模型留在地上。（7）
- 在我的模型书架上以"错误"的顺序放置5个模型。（7）
- 将模型散乱地放在桌子上。（6）
- 将只完成一半的模型放一整天。（6）
- 将只完成一半的模型放1小时。（4）

下面这张表是焕填写的"暴露与反应预防前表"。

焕的"暴露与反应预防前表"

我计划去做： 把我的卷笔刀留在桌子上。每天用一种让我讨厌的方式稍微移动它一点。

我最担心会发生的事情： 当我看到它时，会感到很困扰。我可能会很难入睡，因为我知道它一直在桌子上。

如果事情发生了我如何得知？ 我的恐惧温度计数值会变得很高，特别是在刚开始的时候。如果我在床上睡觉时总是想那个卷笔刀，我会在早上告诉妈妈或爸爸。

我有多大把握我的预测是正确的（0~100%）？ 70％。

我的恐惧温度计数值是多少？ 3。

我可能想采取什么仪式行为？ 把卷笔刀收好。避免看到它，就不会影响我。

> 如果不采取仪式行为的话，我自己有多少信心可以完成这个暴露实验？高、中或低？高。

温馨提示和故障排除：在执行暴露与反应预防时可能出现的问题

以下这些原则可以让孩子在进行暴露与反应预防实验时更有效。

如果孩子没有准备好在暴露与反应预防阶梯上攀登下一个台阶，该怎么办？

与其他类型的暴露一样，如果孩子在进行暴露与反应预防的过程中没有进展，可能是由于新的或持续的逃避行为或仪式行为造成的。思考以下问题，看看是什么影响了孩子的进步。

我的孩子是否有过逃避行为？如果孩子已经做了足够多的暴露与反应预防实验，那么他可能会引入逃避行为。例如，有些孩子会把他们在某一情境中的恐惧温度计数值报得比实际感受到的高，从而使自己避开最恐惧的暴露情境。当父母检查孩子是否有逃避行为时，对孩子的暴露与反应预防过程保持客观、中立的态度很重要。不要让挫折感或愤怒干扰你的判断。

我的孩子是否在暴露与反应预防过程中采取了仪式行为或者创造了新的仪式行为？检查一下孩子在克制自己采取仪式行为的冲动过程中表现如何。简单、直接且实际的方法往往是最有成效的。下面这段约翰和妈妈之间的对话给我们提供了一个样板。

父母：嘿，约翰，我可以检查一下你的暴露与反应预防实验吗？进行得怎么样了？

约翰：一切顺利，妈妈。

父母：很好啊。你今天做了几个实验？我记得你答应今天做3个实验，对吗？

约翰：我还没有做呢。

父母：这样啊。那你打算什么时候开始？

约翰：我不确定。我不喜欢做这些实验。

父母：我知道完成实验并不容易。没有人觉得这些实验是舒适或愉快的。但人们做这个实验，就是为了能够克服自己的焦虑。

约翰：我不知道我为什么会这样。

父母：也许我们可以弄清楚是什么阻碍了你。你是不是觉得我们把实验设计得太难了？

约翰：不，不是，并不是很难。

父母：嗯。也许你没有努力翻越到焦虑山的另一边，所以，你觉得自己缺乏勇气吗？

约翰：一直到昨天，我都还是按照之前咱们说的计划执行的。

父母：你觉得自己可能会开始采取一些新的仪式行为吗？这本书的作者说，有些人在暴露与反应预防实验的过程中创造出了新的仪式行为，你有这样的想法吗？

约翰：我觉得这不会发生在我身上。

父母：我们回顾一下你最后做的一个暴露与反应预防实验。你能告诉我你做了什么，还有你当时怎么想的吗？

约翰：我用羽毛掸子清扫了餐馆卫生间的抽纸架，然后在自己身上扫了扫，就像我以前一直做的那样。

父母：你当时想了什么吗？

约翰：我在身上扫了扫之后，告诉自己掸子上的细菌并不是那么可怕，只有干净、健康的人才去那家餐馆。我大概就是这样想的，我想办法把这件事变得合理。

父母：我知道问题出在哪里了！我很确定你通过不停地安慰自己来把这个动作当作一种仪式行为。

约翰：我以为只有向你寻求安抚才是仪式行为。

父母：不是的，如果你安抚自己，也会有同样的效果。

约翰：真的吗？

父母：是的。看起来你经常这么做。你认为你可以克服自我安抚的冲动吗？

约翰：我猜可以吧，但它总是自然而然就会发生。

父母：当你脑海中出现这些仪式行为的时候，你可以告诉自己"自我安抚是不会有帮助的"来对付这些想法。

该如何为孩子设定合理的目标

有完美主义和其他强迫观念的孩子通常会花费过多的时间来完成任务，因为他们常常会检查、重读或者以过于细致的节奏来完成一件事情。为这些孩子制订暴露与反应预防实验计划时需要考虑让孩子在合理的时间范围内完成任务。

理性人标准是一个法律术语，指的是在特定情况下大多数人认为正常或可接受的行为。我有时会把这个词用在那些长期进行仪式行为的孩子，和那些已经对日常正常行为失去判断力的孩子身上。孩子执行仪式行为的时间越长，他对所谓的合理的概念就越有可能出现偏颇。重建符合理性人标准的行为是大多数儿童都能够接受的目标。不过你要小心，孩子可能并不觉得接受这种标准意味着他原有的行为是不理性的，因此，要以一种积极的、有益的方式使用该标准。

为有完美主义和其他强迫观念的孩子制定暴露与反应预防目标，这涉及给孩子设定合理的时间学习和完成其他日常任务。事先询问孩子需要多少时间做某件事，并在设定时长时征得他的同意。有完美主义强迫观念的孩子通常能够准确估计自己完成任务需要多长时间。当他们之后遇到困难时，便会开始怀疑自己和自己的能力，或者认为自己错过了一些重要的事情。设定合理时限的方法还包括咨询孩子的老师，或让孩子询问同学在这一项任务上花费了多少时间。

在学业、社交、运动和社区活动中保持合理的平衡可以保护孩子免受完美主义和其他强迫观念的负面影响。如果孩子充分参与合理且适当的活动，那么他用于进行仪式行为的时间就会更少，他也将获得普遍意义上的心理效益，如情绪调节和社会支持，也会更有动力去克服自己的焦虑。

总结

你从本章学到了什么

★ 针对侵入性想法、想象和冲动的暴露与反应预防使用想象暴露，与此同时，孩子需要克制自己不做出任何仪式行为。

★ 针对完美主义强迫观念的暴露与反应预防包括克制在诱发情境下反复检查、过度准备、寻求反复确认和采取逃避的仪式行为的冲动。使用理性人标准为暴露与反应预防实验设定一个时间限制。

★ 针对污染强迫观念的暴露与反应预防中，在任何清洗、清洁或逃避仪式之前和之后，使用羽毛掸子去收集细菌和"恶心的东西"，并去"污染"孩子和他会接触到的人或物。

★ 针对侵略性强迫观念的暴露与反应预防包括克制进行如检查是否造成伤害、寻求反复确认、在诱发情境下过于警惕等类似的仪式行为。

★ 针对与健康相关的强迫观念的暴露与反应预防包括克制进行如寻求反复确认、上网搜索和过度就医等类似的仪式行为。

★ 针对"刚刚好"、排序、安排以及不完整强迫观念的暴露与反应预防包括克制自己做出按照期望的顺序或方式让事物恢复原样的仪式行为。

Anxiety Relief for Kids

12

识别进步并预防复发

当你和孩子完成了整个认知行为治疗方案时，你会注意到孩子在许多方面的进步。在以前让孩子感到痛苦的恐惧情境中，孩子似乎不再那么恐惧，他在日常生活中表现得更自由、快乐。但是，仅有父母的主观观察是不够的。你应该跟踪孩子在消除逃避和安全行为、进行暴露实验和暴露与反应预防实验方面的进展，同时也观察你自己在减少参与其逃避和安全行为方面的进展。以下是追踪孩子的进展并确保持续掌控焦虑症状的方法。

每日观察

我建议每天观察以下内容。

- 你的孩子对逃避和安全行为的依赖是否有所减少？
- 你的孩子在他的暴露阶梯上是否取得了良好的进展？
- 你在孩子的逃避和安全行为中的参与程度是否有所减少？

每周检查

每周与孩子进行检查是这一治疗方案的重要部分。如果孩子知道你会每周跟进，他也更有可能坚持这个计划。每周检查会让你们双方都负起责任。此外，如果你定期评估进度，孩子也会获得安全感和信任感。在本书的附录L中可以找到一张空白的每周检查表。

我建议在每周选择一个固定的15~20分钟检查时间，让孩子在这段时间里拥有愉快而有价值的体验。你们可以在周日下午到家附近的咖啡馆一边吃巧克力饼干一边聊天。聊天的时候，不要依赖主观评估，而要回顾这一周的各项数字（进行暴露实验的次数，恐惧温度计数值的变化等），重点集中在孩子目前正在进行的暴露或暴露与反应预防阶梯上，同时回顾一下他目前的逃避和安全行为表、仪式行为表，以及你自己参与其中的逃避和安全行为表。

回顾孩子最近填好的表格，重点强调他从暴露实验中学到了什么，将这些学到的东西用语言表达出来有助于巩固新学到的东西。如果孩子还没有开始进行暴露实验，还处于给恐惧起绰号或者追踪父母和孩子参与的逃避和安全行为的阶段，那么就评估在这些领域的进展情况。

我发现孩子们常常会对他们取得的进步感到惊讶。看到自己掌控焦虑的具体证据能够赋予他们力量。这些评估会让你意识到孩子付出的努力。注意孩子每一次的进步，给予表扬，祝贺他，并奖励他付出的努力。孩子的进步速度不是最重要的，更重要的是孩子能够持续、稳定地一步步前进。如果他遇到挑战，每周检查还可以帮助你们及时进行故障排除。

在每周的聊天中，除了评估你们一周的进步外，还要和孩子共同决定接下来他准备进行的内容。下一步是否可以进行暴露阶梯的下一个台阶？他是否希望跳跃几个台阶来迎接更具挑战性的暴露与反应预防实验？又或许他是否已经完成了整个阶梯，并准备好迎接另一个？

下面是瓦实提和妈妈进行每周检查的例子。

父母：瓦实提，你愿意和我一起处理你的焦虑问题，我为你感到骄傲。

瓦实提：谢谢，妈妈。

父母：我们一起看看事情进展得怎么样了。我已经拿到你的暴露阶梯表，还有你的逃避和安全行为表，以及我参与的逃避和安全行为表。

瓦实提：听起来不错。

父母：首先我们来看看你的暴露阶梯。这周你挑战的是和其他孩子进行目光接触并打招呼，对吗？

瓦实提：是。我觉得我做得很好。

父母：太棒了！我们先看看你是如何减少安全行为的。你同意不再假装自己很忙，假装看不到其他孩子，避免与他们进行目光接触。你做得怎么样？

瓦实提：很好！

父母：很高兴听到这样的结果。我们来看看如何评估你的进展。课间休息时间或者放学前后在走廊里遇到其他孩子时，每10次中有多少次你能够避免采取这些安全行为？

瓦实提：如果我不是真的很忙，我都不会再假装忙碌。10次中有8次我做到了。

父母：真了不起！那你从中学到了什么？

瓦实提：我之前以为如果我不假装忙碌，就必须和每个人说话，但现在看起来似乎他们也没有注意到我。他们没有像我担心的那样试图和我聊很多。

父母：非常棒。听起来这让你感到很意外。

瓦实提：（笑了）是的，很惊讶。

父母：你做的很好，瓦实提！我看到在"在诱发情境中我所做的逃避和安全行为表"中，你把"不再假装忙碌"的恐惧温度计数值评估为4，是这样吗？

瓦实提：最开始我评估的是4，甚至可能是4.5。后来我意识到别人其实并没有注意到我的时候，就下降到了2。之后，这件事对我而言每一天都变得更容易了，现在它的恐惧温度计数值是0。

父母：太酷了！你自己做到了。

　　瓦实提和她的妈妈将继续评估她在消除避免目光接触和假装不看别的孩子的行为进展。然后，他们会谈论瓦实提目前正在进行的暴露实验：和她认识但不太熟的孩子进行目光接触并打招呼。瓦实提和妈妈的对话如下文所示。

父母：我们一起来看看你正在进行的实验。（拿出了"暴露实验前表"）在"我计划做的事情"的下面，你写着："每天和4个孩子进行目光接触并打招呼。"

瓦实提：大多数时候我都这样做了。

父母：太棒了！ 你还记得你打过招呼的每个人吗？ 算起来应该有20
　　　个孩子吧?

瓦实提：（她微笑着）感觉好像没有那么多。但是，既然你把总数加起
　　　　来了，我只能说其实可能会比你说的要少一点，但接近20个。

父母：确切的数字不重要，重要的是你做到了。我们可以追踪你的进
　　　展情况，你也可以看到自己的表现有多棒。

瓦实提：谢谢妈妈。

父母：你从与不熟悉的孩子进行目光接触并且打招呼中学到了什么？

瓦实提：他们也只是回了我一句"你好"。这件事其实没什么大不了的。

父母：那么，你学到了什么？

瓦实提：我学到了事情其实要比我想象的容易。

父母：你能学到这点真是太棒了。

瓦实提：当然。现在我在校园里走动时或在休息时间里再也不觉得那
　　　　么紧张了。

接下来，和孩子一起回顾所有的逃避和安全行为，看看他是否减少了使
用它们的频率，以及不采取逃避和安全行为对他来说是不是越来越容易做到。
回顾一下他本周的恐惧温度计数值，与上周的数值进行对比。在观察到孩子
的逃避和安全行为减少时，都做一个特殊标记。记下新的恐惧温度计数值，
以便准确地跟踪进度。给孩子看看这些数据，这些数据是最直接的反馈，可
以使孩子保持强烈的动机进行接下来的任务。

在检查过程中，也记录下在你自己减少参与逃避和安全行为方面，孩子
给你的帮助。如果你的目标是停止在特定情况下提供反复确认和解释，请大
声复述你的目标，并问孩子"我是怎么做的"，你会对孩子做出反馈时表现出
的诚实和建设性感到惊讶。同时也问问他，在没有你的协助下，他从中学到
了什么。你的参与度降低了，他感觉可以接受吗？是如预期的那样艰难，还

是比预期更容易?

最后,回顾孩子的恐惧温度计数值。他预期的数值是否准确?太高还是太低?记得要感谢孩子提供的反馈,重要的是,让孩子知道父母重视他的反馈,并且知道你们是一个团队,这一点不可忽视。

评估父母的进步

除了在每周检查期间与孩子讨论你自己的参与情况之外,还要对你自己的安全行为、仪式行为以及任何你使孩子得以逃避他所恐惧的情境方面的行为进行认真的自我评估。请参考你之前创建的"父母的逃避和安全行为表"。

- 你在过程中进展得好吗?
- 如果你在某些特定情境中感到挣扎,是哪些方面让你觉得很困难?
- 当你的孩子表现出痛苦或愤怒时,你是否感觉很为难?

如果感觉有困难,找出是什么东西阻碍了你,并找到解决方案。例如,也许你需要和你的伴侣一起合作,并且让他或她承担在某些特定情境中协助孩子的责任。

保持心理健康并预防复发

进步往往不会像一条直线那样顺利,你的孩子可能会遇到障碍,甚至有可能会退回到之前的步骤。复发是指孩子又重新采取他的大部分,甚至全部的逃避和安全行为或者仪式行为。父母自己也有可能会重新落入早期的行为模式中。不论哪一种情况发生,孩子的焦虑感都会增加。

在这本书提供的治疗方案中,我已经融入了如何确保治疗成功,并减少治疗过程中的复发概率的最新信息。正如我在第2章中解释的那样,这个方案包含了我们对暴露实验的一个重大认知转变：我们关注的是儿童预期会发生的（可怕后果）与实际发生的之间的不匹配，而非暴露期间（旧的习惯模型）恐惧的减少。这种不匹配对新事物的学习至关重要，而对新事物的学习正是暴露疗法的目的。我们也知道，当人在许多诱发情境和其他诱发因素下进行暴露治疗时，他会以可持续的方式学会减少自己的恐惧。

在患者先前已经克服了恐惧的情境中，焦虑情绪的偶然回归可能未尝不是件好事（Craske et al. 2015）。比如，孩子可能会担心自己再次变得焦虑。即使很长一段时间内他都可以掌控好自己的感受，但他可能仍会担心焦虑卷土重来。在这种情况下，焦虑的偶然回归会使孩子更加懂得，即使焦虑情绪回归，自己依旧可以做出良好的应对，而这对减少焦虑的长期治疗是有好处的。

孩子不时被诱发焦虑或产生新的焦虑，并不意味着他已经复发或有复发的危险。不应将焦虑的来袭视为复发的迹象。父母和孩子如何控制和应对焦虑决定了孩子是否会复发。许多因素可能导致恐惧重现或助长新的恐惧，你并不总能确定是哪个因素影响了他，而且，你和孩子如何应对焦虑的重现比找到这个因素更重要。以下是我最常见的与焦虑加剧有关的因素。

- 松散时间增加（假期、周末、时间表的变化）。
- 暂时缺乏诱发情境（暑假）。
- 发育成熟和激素变化，特别是在青春期和月经期的女孩（女性患者在月经周期之前和周期内，焦虑的频率和严重程度会有一定程度的增长）。
- 生活方式的改变使得孩子暴露于新的或者诱发恐惧的情境中。
- 焦虑的自然起伏。

孩子的大脑对某些特定情境有产生过度反应和陷入其中的倾向。这种倾向不会消失，它是基因的一个组成部分。成功完成此方案虽然有可能会完全消除孩子在这种情境中的焦虑，但这些努力更有可能仅仅是降低了孩子焦虑的频率和严重程度。父母必须继续帮助孩子控制他的恐惧，使他不再重新采取原有的逃避和安全行为。从某种意义上说，你必须帮助他保持心理健康，就像运动员必须保持身体健康来进行某项运动一样，你必须帮助他保持曾经通过艰辛努力进行暴露和减少逃避行为而得来的精神肌肉。

此外，由于孩子确实有这种神经生物学上的倾向，所以在他的人生中可能还会发展出其他恐惧。通过这个治疗方案，你和孩子已经学会了一些原则和技巧，这些原则和技巧将使你们能够控制他的或新或旧的恐惧，而不至于让他被恐惧控制。你们必须牢记这些技巧。

在孩子成功完成这个治疗方案后，他的焦虑可能会得到很好的控制，但是任务还没有完成。以下的重要提示将有助于帮孩子把恐惧控制在安全范围内，而让学到的解决问题的技巧处于时刻准备的状态。

继续使用工具

你们已经拥有了工具，现在就看你和孩子是选择继续使用它们还是扔掉它们。如果孩子不经常使用工具，当他再需要时可能也找不到了。在按照这本书进行治疗的过程中，你和孩子已经找到了对你们来说最有效的工具，但孩子还必须了解自己的大脑如何工作，焦虑被诱发时如何给焦虑起绰号，并在了解这些的基础上努力保持客观和接纳的态度。

通过暴露练习来巩固学习成果

你的孩子可能已经战胜了某种情境所诱发的焦虑，这种情境他可能在生中很少会遇到。比如，他可能已经克服了对针头注射的恐惧，并成功接种了流感疫苗，他不再有真实的机会来定期面对这种诱发情境。如果一年没有暴露于这种情境，他的焦虑可能会死灰复燃。即使焦虑的程度不如暴露治疗前那么高，我仍建议让他保持练习来巩固之前的学习成果。

进行练习时，请参阅孩子之前做过的所有暴露实验。你可以在索引卡上写下所有暴露实验并创建一副暴露练习卡片，让孩子每隔1周或2周抽取一张卡片，并遵循与以前相同的准则再次进行实验。

同样地，如果孩子在一段时间内没有遇到诱发情境，并且你知道这种情境即将出现，你可以和孩子一起回顾之前学习过的工具，并按照先前设计的暴露实验进行练习，以恢复之前的良好状态。

注意复发迹象

注意观察孩子恐惧复发的迹象。作为复发预防策略的一部分，可以先和孩子一起讨论并明确在恐惧卷土重来时他可能最先发现的迹象。像这样直接询问孩子："约翰，如果焦虑怪物再次来骚扰你，你觉得你自己最先注意到的会是什么？"通常，他会说在原本已经可以掌控的情境下他的恐惧温度计数值将再次升高，他也可能注意到自己有逃避诱发情境的强烈冲动。此外，采取安全行为或仪式行为也是另一个复发信号。

评估这些初始迹象是很重要的，原因有很多：首先，评估使你和孩子意识到他需要继续使用所有可用的工具来控制焦虑；其次，早期发现有利于在问题升级之前启用故障排除，使你们能更好地制定策略来应对某个情境，而不是毫无防备地面对它；最后，长期的监测可以强化孩子的观念，使他明白他需要勇敢去面对恐惧并解决问题，而不是一味逃避。

考虑减少奖励

你可能在之前使用了奖励来激励孩子直面恐惧。随着恐惧给他造成的负担逐渐减轻，你可以逐渐减少奖励。在他处于复发预防阶段时，你可能仍然需要给予一定的奖励，特别是在你觉得他仍然需要努力才能控制恐惧的时候。这是父母需要做出的个人决定。如果你给予太多的奖励，孩子可能对奖励就没有期待了。但是，如果你觉得孩子缺乏继续使用工具或进行暴露治疗的动力，那么继续对他做出的努力进行奖励还是很明智的。当他们值得被奖赏的时候，我从不担心奖励会过度。记住：奖励可以激发动力！

了解何时以及如何寻求专业帮助

如果你的孩子焦虑症状很严重，让他感到非常痛苦，或者严重影响了他参与正常活动的能力，我建议你找一位经验丰富的认知行为治疗师进行咨询。考虑是否应该寻求专业支持的另一个因素是孩子的动机水平。一个有动力的孩子会比一个没有动力的孩子更愿意合作。即使你决定寻求专业指导，本书中介绍的内容仍然可以让你在治疗过程中更有效地为孩子提供帮助。

如果你确定专业帮助对你和孩子有用，或者你想获得一些支持和指导，这里有一些建议可以帮助你选择合适的医生。当你寻找心理健康专业人员时，确保他或她使用的是认知行为疗法。如果他仅仅是在执业中使用过一点认知行为疗法是远远不够的，不要觉得他们只要使用过这种方法就意味着在这方面有足够的经验。

- 一位经验丰富的治疗师会解释认知行为疗法关注人的思想和行为。
- 治疗应该着眼于眼前和当下，而不是过去。
- 治疗师应强调以暴露疗法为基础的治疗。
- 治疗应包括医院的疗程和家庭治疗作业。
- 治疗目标应由心理健康专业人员确定。

为了确保认知行为治疗师有足够的经验去评估和治疗焦虑症，你可以询问对方以下的问题。

专长和关注点

问题：你的诊室中有多少确诊的焦虑症患者？

提示：治疗师应该表明，在他或她的诊室中有相当比例的患者（至少50%）是有焦虑症的孩子。

问题：你最擅长治疗哪一种类型的问题？

提示：合格的治疗师应毫不犹豫地、坦诚地与你讨论他经常治疗的某些疾病。

描述治疗方法和目标

问题：你在患者的治疗中具体会做哪些？ 你对有强迫症（或惊恐发作、社交焦虑、恐惧症、分离焦虑等）的患者会进行哪些治疗？

提示：治疗师在所有焦虑症的治疗中应着重强调暴露疗法。如果他不这么做，可以再找别的治疗师。如果治疗师给出的回答很模糊，那么他的治疗方案可能也会很模糊。认知行为疗法并不会模棱两可，它是非常明确、以目标为导向并且直接的。一位经验丰富的认知行为治疗师应该能够清楚地解释治疗将是什么样的，以及他将如何与你合作来确定和达到治疗目标。他的回答应该能够让你感觉到自己需要做多少工作来实现目标，并由此可以估计出一个合理的治疗时间。

治疗的周期

问题：基于所描述的症状，你通常需要多少个疗程来帮助患者明显减轻症状？

提示：答案会根据实际情况有所不同，具体取决于症状的发作以及是否存在其他症状，如抑郁症状等。 但是治疗师应该给你一个相对有限的时间范围。治疗通常不会持续多年，可能只有几个月，有时甚至只有几个疗程。

药物的使用

问题：你会在什么时候考虑选择药物治疗？

提示：经验丰富的认知行为治疗师通常在面对以下几种情况时会推荐用药。认知行为疗法的计划已全面实施，但孩子的症状减轻不明显，或由于极度痛苦而无法参与暴露治疗；孩子处于极度痛苦当中，以至于完全无法参与正常的活动（上学、社交活动）；孩子完全没有动力，并且非常抗拒认知行为疗法，出现这种情况常常是因为孩子长期采取逃避行为。

　　附录 M 是治疗师考查表，你可以打印出来用于帮助你为孩子选择合适的治疗师。美国大部分地区都没有足够数量的训练有素的认知行为治疗师。请耐心并努力地寻找合适的治疗师，你可以联系各大学附属医院和培训中心以及私人诊所的专业医生。

　　无论你是否决定选择认知行为治疗师，本书都提供了足够的信息使你成为孩子克服焦虑的合格帮手。通过书中提供的治疗方案及工具，相信你和孩子可以过上更健康、更轻松的生活。当孩子经历焦虑时，你将不再感到束手无策，而是可以积极主动地为他的健康做出贡献。现在，请祝贺自己挖掘出新的技能，并相信自己有能力帮助孩子取得进步！

总结

你从本章学到了什么

★ 跟踪孩子在消除逃避和安全行为以及进行暴露实验或暴露与反应预防实验方面的进展，这对于治疗的成功至关重要。

★ 父母必须评估自己在减少和消除助长孩子的逃避和安全行为方面的进展。

★ 每日观察和更正式的每周检查是跟踪进展的方式。

★ 为常规检查设定固定的日期和时间。

★ 父母和孩子将从能够证明他努力的数据和具体证据中受益。

★ 焦虑复发意味着孩子会重新采取大多数或所有的逃避和安全行为或他曾经有过的仪式行为。

★ 通过鼓励孩子继续使用已学会的工具，并在必要时进行暴露实验，时刻注意复发的迹象并加以防范。

★ 当孩子不需要更多的激励时可以减少奖励。

★ 如果孩子的焦虑或恐惧症状非常严重，引起极度痛苦，阻碍了他参与正常活动的能力，或对家庭生活造成了困扰，请向经验丰富的认知行为治疗师咨询。

★ 运用从本书中学到的知识可以帮助父母成为孩子克服焦虑过程中的合格帮手。

Anxiety Relief for Kids

参考文献

Abramowitz, J. S. 2013. "The Practice of Exposure Therapy: Relevance of Cognitive-Behavioral Theory and Extinction Theory." *Behavior Therapy* 44 (4): 548 – 58.

Allen, J. L., and R. M. Rapee. 2004. "Anxiety Disorders." In *Cognitive Behaviour Therapy for Children and Families*, edited by P. Graham, 2nd ed., 300 – 19. Cambridge, UK: Cambridge University Press.

American Academy of Child and Adolescent Psychiatry. 2013. *Obsessive Compulsive Disorder in Children and Adolescents.*

Anxiety and Depression Association of America. 2016. *Children and Teens.*

Beck, A. T. 1979. Cognitive Therapy and the Emotional Disorders. New York, NY: Penguin.

Beidel, D. C., and S. M. Turner. 1997. "At Risk for Anxiety: I. Psychopathology in the Offspring of Anxious Parents." *Journal of the American Academy of Child and Adolescent Psychiatry* 36 (7): 918 – 24.

Craske, M. G., A. M. Waters, R. L. Bergman, B. Naliboff, O. V. Lipp, H. Negoro, and E. M. Ornitz.2008. "Is Aversive Learning a Marker of Risk for Anxiety Disorders in Children?" *Behaviour Research and Therapy* 46 (8): 954 – 67.

Craske, M. G., M. Treanor, C. C. Conway, T. Zbozinek, and B. Vervliet. 2015. "Maximizing Exposure Therapy: An Inhibitory Learning Approach." *Behaviour Research and Therapy* 58: 10 – 23.

Forsyth, J. P., G. H. Eifert, and V. Barrios. 2006. "Fear Conditioning in an Emotion Regulation Context: A Fresh Perspective on the Origins of Anxiety Disorders." In M. G. Craske, D. Hermans, and D. Vansteenwegen (Eds.), *Fear and Learning: From Basic Processes to Clinical Implications*, 133 – 53. Washington, DC: American Psychological Association.

Garcia, A. M., J. J. Sapyta, P. S. Moore, J. B. Freeman, M. E. Franklin, J. S. March, and E. B. Foa. 2010. "Predictors and Moderators of Treatment Outcome in the Pediatric Obsessive Compulsive Treatment Study (POTS I)." *Journal of the*

American Academy of Child and Adolescent Psychiatry 49 (10): 1024 – 33.

Ginsburg, G. S. 2009. "The Child Anxiety Prevention Study: Intervention Model and Primary Outcomes." *Journal of Consulting and Clinical Psychology* 77 (3): 580 – 87.

Goenjian, A. K., E. P. Noble, A. M. Steinberg, D. P. Walling, S. T. Stepanyan, S. Dandekar, and J. N. Bailey. 2014. "Association of COMT and TPH-2 GEnes with DSM-5 Based PTSD Symptoms." *Journal of Affective Disorders* 172: 472 – 78.

Holzschneider, K., and C. Mulert. 2011. "Neuroimaging in Anxiety Disorders." *Dialogues in Clinical Neuroscience* 13 (4): 453 – 61.

Kashani, J. H., A. F. Vaidya, S. M. Soltys, A. C. Dandoy, L. M. Katz, and J. C. Reid. 1990. "Correlates of Anxiety in Psychiatrically Hospitalized Children and Their Parents." *American Journal of Psychiatry* 147 (3): 319 – 23.

Kessler, R. C., P. Berglund, O. Demler, R. Jin, K. R. Merikangas, and E. E. Walters. 2005. "Lifetime Prevalence and Age-of-Onset Distributions of DSM-IV Disorders in the National Comorbidity Survey Replication." *Archives of General Psychiatry* 62 (6): 593 – 602.

Lissek, S., S. Rabin, R. E. Heller, D. Lukenbaugh, M. Geraci, D. S. Pine, and C. Grillon. 2010. "Overgeneralization of Conditioned Fear As a Pathogenic Marker of Panic Disorder." *American Journal of Psychiatry* 167 (1): 47 – 55.

March, J. S., and K. Mulle. 1998. OCD in *Children and Adolescents: A Cognitive-Behavioral Treatment Manual*. New York, NY: Guilford.

Mendlowicz, M. V., and M. B. Stein. 2000. "Quality of Life in Individuals with Anxiety Disorders." *The American Journal of Psychiatry* 157 (5): 669 – 82.

Merikangas, K. R., L. C. Dierker, and P. Szatmari. 1998. "Psychopathology among Offspring of Parents with Substance Abuse and/or Anxiety Disorders: A High-Risk Study." *Journal of Child Psychology and Psychiatry* 39 (5): 711 – 20.

Merlo, L. J., H. D. Lehmkuhl, G. R. Geffken, and E. A. Stroch. 2009. "Decreased Family Accommodation Associated with Improved Therapy Outcome in Pediatric Obsessive-Compulsive Disorder." *Journal of Consulting and Clinical Psychology* 77 (2): 355 – 60.

National Institutes of Health. 2016. "Understanding Anxiety Disorders: When Panic, Fear, and Worries Overwhelm." NIH *News in Health*.

Olatunji, B. O., J. M. Cisler, and D. F. Tolin. 2007. "Quality of Life in the Anxiety Disorders: A Meta-Analytic Review." *Clinical Psychology Review* 27: 572 – 81.

Padesky, C. A. 1993. "Socratic Questioning: Changing Minds or Guiding Discovery?" Keynote Address to European Congress of Behavioral and Cognitive Therapies, London, September 24.

Rachman, S. 1980. "Emotional Processing." *Behaviour Research and Therapy* 18 (1): 51 – 60.

Thirlwall, K., P. J. Cooper, J. Karalus, M. Voysey, L. Willetts, and C. Creswell. 2013. "Treatment of Child Anxiety Disorders Via Guided Parent-Delivered Cognitive-Behavioural Therapy: Randomized Controlled Trial." *British Journal of Psychiatry* 203 (6): 436 – 44.

Tompkins, M. A. 2013. Anxiety and *Avoidance: A Universal Treatment for Anxiety, Panic, and Fear*. Oakland, CA: New Harbinger.

Trouche, S., J. M. Sasaki, T. Tu, and L. G. Reijmers. 2013. "Fear Extinction Causes Target-Specific Remodeling of Perisomatic Inhibitory Synapses." *Neuron* 80 (4): 1054 – 65.

Wagner, A. P. 2005. *Worried No More: Help and Hope for Anxious Children*. 2nd ed. Apex, NC: Lighthouse Press.

Zbozinek, T. D., E. A. Holmes, and M. G. Craske. 2015. "The Effect of Positive Mood Induction on Reducing Reinstatement Fear: Relevance for Long Term Outcomes of Exposure Therapy." *Behaviour Research and Therapy* 71: 65 – 75.

Anxiety Relief for Kids

附　录

附录 A

父母监测表

日期	情境	我观察孩子的表现	我的反应	恐惧温度计数值

附录 B

孩子监测表

日期	情境	我的表现	我的反应	恐惧温度计数值

附录 C

"向下的箭头"表

⬇ **情境：**

_____

_____

⬇ **在这一情境中会发生什么？**

_____

_____

⬇ **如果……会怎么样？**

_____

_____

⬇ **如果……会怎么样？**

_____

_____

⬇ **如果……会怎么样？**

_____

_____

⬇ **如果……会怎么样？**

_____

_____

附录 D

父母的逃避和安全行为表

情境	逃避和安全行为

附录 E

在诱发情境中我所做的逃避和安全行为表

情境	逃避和安全行为	在我克制不采取这些行为时的恐惧温度计数值

附录 F

思维气泡

附录 G

暴露实验前表

我计划去做：

我最担心会发生的事情：

如果事情发生了我如何得知？

我有多大把握我的预测是正确的（0~100%）？

我的恐惧温度计数值是多少？

我可能想采取什么逃避或安全行为？

如果不采取逃避或安全行为的话，我自己有多少信心可以完成这个暴露实验？高、中或低？

附录 H

暴露实验后表

我最担心的事情发生了吗? _____

发生了什么? 我是否感到意外? _____

_____

_____

我的恐惧温度计数值是多少? _____

我从中学到了什么? _____

_____

_____

附录 I

在诱发情境中我会采取的仪式行为表

情境	仪式	当我克制不采取这些仪式行为时的恐惧温度计数值

附录 J

暴露与反应预防前表

我计划去做：
_____
_____
_____

我最担心会发生的事情：
_____
_____
_____

如果事情发生了我如何得知？
_____
_____
_____

我有多大把握我的预测是正确的（0~100%）？
_____

我的恐惧温度计数值是多少？
_____

我可能想采取什么仪式行为？
_____
_____
_____

如果不采取仪式行为的话，我自己有多少信心可以完成这个暴露实验？高、中或低？
_____

附录 K

暴露与反应预防后表

我最担心的事情发生了吗？ _____

发生了什么？我是否感到意外？ _____

_____

_____

我的恐惧温度计数值是多少？ _____

我从中学到了什么？ _____

_____

_____

附录 L

每周检查表

I. 我正在进行的暴露实验或者暴露与反应预防实验

实验	我什么时候进行	上午	下午	恐惧温度计数值
	周一			
	周二			
	周三			
	周四			
	周五			
	周六			
	周日			

II. 回答下列问题

1. 我觉得自己的进展如何?

2. 我在克制自己采取逃避和安全行为或者仪式行为上做得如何?

3. 到目前为止我从这些暴露实验中学习到了什么?

4. 有什么我感到意外的事情吗?

5. 我的爸爸妈妈在完成不采取逃避和安全行为以及仪式行为的计划里做得如何?

6. 我得到爸爸妈妈承诺的奖励了吗?

附录 M

治疗师考查表

Ⅰ. 治疗师信息

  1. 姓名：

  2. 联系方式：

  3. 治疗师使用认知行为疗法（CBT）吗？　　　　Y　　　　N

  4. 治疗师主要治疗孩子吗？　　　　　　　　　　Y　　　　N

Ⅱ. 治疗师的专长和关注点

  1. 治疗师治疗过多少确诊为焦虑症的患者？

  2. 治疗师最擅长治疗哪一种类型的心理问题？

Ⅲ. 治疗师的治疗方法和目标

  1. 治疗师在患者的治疗过程中会做什么？

  2. 治疗师是如何治疗与你的孩子具有相同症状的疾病的？

Ⅳ. 治疗的周期

  治疗师通常需要多少个疗程来帮助患者明显减轻症状？

Ⅴ. 药物的使用

  治疗师在什么时候会考虑选择药物治疗？

致　谢

出版一本书需要许多人的帮助，我想在此感谢所有提供帮助的人。

我想感谢过去15年来我治疗过的孩子们和他们的父母，是他们给了我启发，让我决定写这本书。我高中时期最好的朋友——亲爱的凯西·米克尔指导我完成了书的初稿。我的同事迈克尔·汤普金斯博士帮助我完成初稿，并鼓励我坚持不懈地将这本书修改得更适合读者阅读和使用。裘德·伯曼让我可以在截止日期之前顺利交稿。没有这些人的帮助，我无法完成这本书的写作。

我非常感激卡米尔·海耶斯和新昭出版社的团队信任这个项目，并且非常慷慨地为一位新作者提供了无私的帮助，感谢他们提供了合理的建议和精心的指导。

我最诚挚的感谢献给我的丈夫迈克尔·沃克，我最忠诚的伙伴和灵魂伴侣，你支持我做任何事情，包括写作这本书。最后，我也要感谢我的孩子们——惠勒·沃克和利亚姆·沃克，感谢你们在交稿日期前忍受一位压力过大的母亲，还有在这本书写完前刚刚去世的二儿子麦克斯韦尔·沃克，感谢你。

感谢你们。